行政单位财会监督
与内控建设精细化研究

彭 凌◎主 编

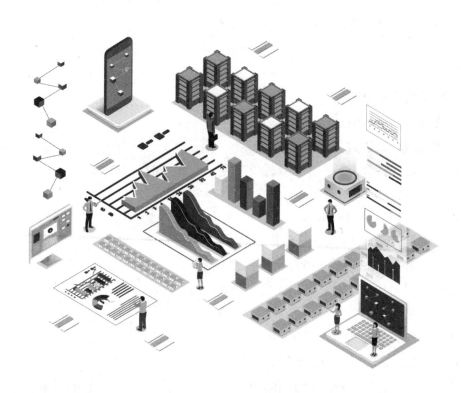

延边大學出版社

图书在版编目（CIP）数据

行政单位财会监督与内控建设精细化研究 / 彭凌主编 .
— 延吉：延边大学出版社，2022.11
ISBN 978-7-230-04275-8

Ⅰ . ①行… Ⅱ . ①彭… Ⅲ . ①行政事业单位—财务管理—监管制度—研究—中国②行政事业单位—内部审计—研究—中国 Ⅳ . ① F812.2 ② F239.66

中国版本图书馆 CIP 数据核字（2022）第 215680 号

行政单位财会监督与内控建设精细化研究

主　　编：彭　凌
责任编辑：侯琳琳
封面设计：星辰创意
出版发行：延边大学出版社
社　　址：吉林省延吉市公园路 977 号　　　邮　编：133002
网　　址：http://www.ydcbs.com　　　E-mail：ydcbs@ydcbs.com
电　　话：0433-2732435　　　传　真：0433-2732434
印　　刷：天津市天玺印务有限公司
开　　本：787 毫米 ×1092 毫米　　　1/16
印　　张：10.75
字　　数：200 千字
版　　次：2022 年 11 月第 1 版
印　　次：2024 年 3 月第 2 次印刷
书　　号：ISBN 978-7-230-04275-8

定　　价：59.00 元

前　言

随着经济的高速发展，人们的生活水平有了质的提高，在有了充分的物质保障的前提下，公民的文化水平以及精神生活水平也有了显著的提高，社会参与意识也不断增强。因此，公民对行政单位的执政水平提出了更高的要求，尤其是对行政单位财会工作的关注正日益增强。我国的部分行政单位处于第一线，直接面对群众，接触群众，是各项方针政策的有力宣传者和执行者，因此，提高行政单位的履职绩效、提高会计信息披露质量、提高财会透明度以满足人们日益增长的会计信息需求就显得尤为重要。近年来，我国行政单位取得了很多成就，会计体系也在不断完善，因此，财会监督与内控精细化建设也应与时俱进。行政单位财会监督与内控建设精细化，有利于提高行政单位的履职绩效，也有利于提高会计信息披露质量以及财会透明度。

基于此背景，笔者编写了此书，旨在研究行政单位财会监督与内控建设精细化，为广大行政单位提供一些可供参考借鉴的经验模板，从而使广大行政单位更好地根据自身状况，加强财会监督和内控建设，建设富有特色的"服务型行政单位"。

本书按照"总—分"的写作思路，对行政单位财会监督做了简要概述，包括行政单位财会监督的历史演变、必要性、优势与不足之处。在此基础上，提出了行政单位财会监督的基本理论，证明了行政单位财会监督的"有理有据"；同时，本书还介绍了行政单位财会监督现状和精细化方法，注重理论与实践相结合；增加全新监督视角，列出行政单位财会监督经济责任追究依据，能起到一定的震慑效果，强化财会事后监督。与此同时，本书还介绍了行政单位财会监督的"孪生兄弟"，即行政单位内控建设的理论来源；从系统出发，构建了行政单位内部控制框架；重点分析了行政单位内控建设的七大细节；也建立了一套衡量行政单位内控建设实际效果的评价体系，并说明了该体系的应用方法。

本书写作思路清晰，由浅入深，介绍了行政单位财会监督与内控建设精细化的前世今生，结合行业前沿最新的研究成果，融合笔者自己的认识，有力地回答了行政单位财会监督与内控建设精细化的概念、必要性、方法论三重问题，为行政单位开展财会监督、内控建设和提高财会工作透明度提供了经验模板。

CONTENTS 目录

第一章　行政单位财会监督概论

第一节　行政单位财会监督的历史演变

一、外国行政单位财会监督的历史演变

（一）无意识财会监督时期

在经济学史上，人们往往将19世纪40年代以前称为自由放任时期。诚然，在古典企业制度形式（独资和合伙制）占主导地位的经济环境中，企业数量多、规模大、对经济影响大，所有者与经营者合二为一，对公司债务承担无限责任，人与人之间的社会经济利益的关联度不高，没有现代意义上的公司所得税，也没有自然垄断性的公司需要行政单位进行特别的价格财会监督。而当经济进一步发展，特别是当股份制形式的公司出现时，这种状况就发生了根本性变化——行政单位的财会监督开始出现。但最初，行政单位并非有意识地直接对会计行业进行监督，而是通过对股份公司的鼓励和限制间接地影响会计行业。

最早的股份公司是 1600 年由英国女王特许成立的东印度公司。此后至 18 世纪，在重商主义经济理论和政治策略的支配和指导下，行政单位通过授予投资者以垄断特许经营证、给予某些公司独立服务的特权和鼓励海外贸易发展等方式，极大程度地鼓励了工商业的发展。这种授权，一方面是对最初从事风险事业、需要大量投资的股份公司的部分经济补偿；另一方面又使获取垄断经营权的风险公司能够持续经营，长期获利，从而逐步地将最初在每次航行结束时股东之间分割资产和盈利的做法转化为保存永久性资本和从利润中支付股息的方式，也逐步扩大了股东的权力，使其在清算前可以任意转让股份。同时，为了保护未参与实际经营的投资者的利益，行政单位对于股份制公司的责任承担形式也做出了规定。最初从事海上冒险事业的股份公司的贸易合伙人和不直接参与经营活动的投资者对债务的承担方式不同，前者承担无限责任，后者只承担有限责任，双方参与分享利润。许多欧洲商法都做了类似的规定。但英国早期却规定所有的投资者都承担无限连带责任，限制了股份公司的大发展，如 1825 年的《公司法》规定股东承担无限责任；1844 年的《公司法》也未做松动；1855 年的《有限责任法》中规定，经特批的公司可以取得有限责任；1862 年的《公司法》才最终取消了无限责任股份公司的规定。

（二）初步财会监督时期

在该时期，股份公司得到快速发展，但破产和舞弊事件也随之频发，会计领域呈现出发展和混乱并存的局面。行政单位开始有意识地干预会计活动，如颁布法律提出对会计实务的规范要求，对特定行业进行价格财会监督等，这些举措促进了成本会计的发展、推动了会计统一化。该时期还存在着一个显著的变化——行政单位对会计职业的关注开始逐步从英国移向美国，英国会计职业渐趋式微。

英国开创了对股份公司会计实务进行法律规范的先河。1844 年，英国颁布了《公司法》，其中对会计工作的主要规定有：公司应登记会计账簿，定期进行决算；董事应编制"充分而公允"的年度资产负债表，由一名或若干名股东代表加以审查；董事应在股东大会前 10 天将资产负债表副本与审计报告送发给各位股东并向股份公司注册登记官报送备案。但由于缺少有关各项实质性要素的配合，法律中的规定只能算是良好的愿望，未能得到真正的履行。1845

年，英国颁布的修正案中更改为公司可以聘请熟练的会计师担任股东代表的助手，但最终这些助手承接了全部审计工作。英国 1855—1856 年的《公司法》删除了以前法案中关于强制记账、报告和审计的条款，使绝大部分公司的会计活动游离于法律控制之外，削弱了公司披露会计信息的责任。英国 1862 年的《公司法》提出了审计报告的标准格式。英国 1900 年的《公司法》规定所有股份公司都须接受强制性审计。英国的公司法为会计和审计实务确立了最低限度的报告标准，但却将资产计量和收益决定的权限留给公司和审计人员的自我判断，由此也奠定了民间会计职业团体在公司法总体框架内制定具体会计准则的模式。英国的公司法成为会计行业走向统一的重要因素。

一般认为，会计理论研究是纯粹的抽象理论，不受政治因素的影响。但追溯历史可以发现，许多对会计理论发展具有重大影响的基本会计问题的争论却源于行政单位的需要。股份公司的出现为需要大量资本的铁路业的发展创造了条件。随着铁路业的出现而产生的折旧问题成为影响会计理论的重要因素。例如，美国会计学家亨德里克森将其列为 1800—1930 年影响会计理论发展的重要因素之一；美国会计学家利特尔顿将 19 世纪的折旧会计的发展和有关折旧方面的研究成果归因于铁路业的发展。但对铁路折旧问题的研究却始于行政单位对铁路行业收费价格的财会监督。当行政单位开始以代表公共利益的身份过问铁路业利润的合理水平时，与利润直接相关的成本问题被自然地提到重要的地位，而有关固定资产折旧、修理和更新等的会计处理方法直接影响了报告利润，因此也影响了铁路利润率和市场价值。19 世纪 30 年代早期，美国有关铁路业的法律中就包括了铁路利润管制方面的条款，而有关折旧会计的研究成果却出现于 1850 年。英国议会对铁路业利润的管制也早于理论上的争论（出现于 1841 年）。时间上的差异足以说明行政单位财会监督的出现早于折旧理论的大探讨。法律对铁路业垄断者利润的限制确定了其合法的利率水平，在该前提下才产生了对折旧费用化进行合理的理论解释的需求。

（三）强化财会监督时期

在该时期，以经济危机的爆发为起点，出现了凯恩斯国家干预理论和罗斯福新政，证券法和证券交易法相继出台，美国证券交易委员会（Securities and Exchange Commission, SEC）的成立，以及与职业界组织之间的协调成为证券市场统一财会监督体制的组织保障，会计准则、审计准则体系的形成为职业界提供了规范化保证，会计欺诈案件频出和保护消费者意识的增强使针对会计信息虚假陈述的诉讼案件数量猛增，会计职业在行政单位持续不断的干预中缓慢发展。

20世纪60年代，随着会计准则经济后果学说的兴起，会计准则可能对行政单位经济和社会政策产生的影响引起了行政单位的重视。除了行政单位通过SEC直接管理民间机构的会计准则制定外，有时，其他行政单位部门也会直接干预会计准则的制定。著名的例子是长达十年的投资税贷项之争，但最终是以民间机构的妥协而告终的。

二、我国行政单位财会监督的历史演变

（一）萌芽时期

1. 财会监督权的确立

中华人民共和国成立伊始，就实行了行政单位主导型的财会监督体制，财政部门对全国会计工作的管理地位那时便已经确立了。当时，为了克服国民经济失序和困难的局面，集中有限的资金用于重点建设，行政单位对国家财政收支和经济管理实行了高度集中统一、按行政隶属关系适度分级管理的财政、财务管理体制。行政单位不仅规定了我国基本的财政管理体制，也将我国财会监督体制以国家行政法规的形式肯定下来，在将企业财务收支纳入国家预算、决算体系的同时，也明确了各级财政部门为各级企业财务会计工作的管理部门。这样形成了在我国延续多年的财政制度决定财务制度、财务制度决定会计制度的财会监督模式。财政部门在会计管理中的地位由此确定，并遵循"统一领导，分级管理"的原则而发展。国务院财政部门管理全国的会计工作，地方各级行政单位的财政部门管理本地区的会计工作。

2. 会计改革的强大需求

从20世纪90年代初期逐步发展起来的股份公司和市场的发展赋予了会计改革生命力与全新的含义。原有的为保证国家财政收入、强化财政管理而服务

的三统一的会计制度（另外还有中外合资企业会计制度和外商投资企业会计制度）难以满足股份公司投资主体多元化的需要，不能为海外投资者所理解。上市公司的出现引发了新的会计问题，带动了新的会计需求，为会计改革提供了前所未有的契机和压力。

（二）发展时期

1. 证券市场共管局面的形成

20 世纪 90 年代，国务院设立了国务院证券委员会（简称证券委）及其执行机构——中国证券监督管理委员会（简称证监会），分别取代了此前的国务院证券管理办公会议制度和中国人民银行的证券管理职能。其中，证券委是由国务院 14 个有关部门、最高人民法院和最高人民检察院的负责人组成的一个协调性机构，依法对全国证券市场进行统一管理，但其他的部委也负责部分证券管理的职责，如中华人民共和国国家计划委员会（已改组）负责证券计划，中国人民银行负责管理证券机构、审批金融证券，中华人民共和国财政部（以下简称财政部）负责管理会计师事务所（从事证券业的会计师事务所的资格由财政部和证监会联合审定）和国债发行，中华人民共和国国家经济体制改革委员会（已撤销）负责股份制试点，地方行政单位负责管理沪深证券交易所、审批证券发行等，形成了各部门共管证券市场的局面。

2. 会计规范体系的健全

会计规范体系的健全体现在法律法规的出台上。1993 年 12 月，我国颁布了《中华人民共和国公司法》，对发行股票、股票上市、定期报告、公司合并与分立的信息披露，以及提供虚假信息的法律责任均有相应的规定和措施；1993 年 4 月，国务院颁布《股票发行与交易管理暂行条例》（以下简称《暂行条例》），对股票发行、上市，以及上市后公司定期报告、中期报告、临时报告等信息披露的时间、内容等做了比较详尽的规定，这标志着上市公司会计信息披露开始向规范化迈进。为适应市场经济建设的需要，行政单位及时修订了会计相关法律，为会计核算、会计监督以及会计机构和人员提供了相应的规范，同时进一步明确了财政、审计、税务机关作为执法者，对会计违法行为进行整顿时应遵守的相关规定，改变了原有会计相关法律仅重视国家利益的状况，兼顾了国家利益和社会公众利益等。

（三）强化时期

1. 集中统一的证券市场财会监督体制的形成

证券市场由多部门共管的局面降低了证券市场财会监督的效率。20世纪90年代，根据国务院批准的国务院各部门的"三定"方案和国务院发布的关于证券市场管理体制改革的通知，一系列重大的改革措施相继出台：取消国务院证券委，其职能移交到证监会，后者是国务院正部级事业单位；将中国人民银行履行的证券业财会监督职能全部划归证监会；将地方证券财会监督机构收归证监会领导；证券交易所由地方行政单位管理转为由证监会管理；设立证监会地方派出机构等。国务院证券监督管理机构依法对全国证券市场实行集中统一监督管理，将证监会的财会监督权上升到法律的高度。至此，我国证券市场由多个部门共管的局面结束，集中统一的证券财会监督体制正式形成。

2. 惩治力度的加大

据统计，我国的部分上市公司存在"一年绩优、两年绩差、三年亏损"的规律，自1993年证券市场大发展开始至1996年和1997年，是上市公司历史问题集中暴露的时期。而这两年又是公司上市数量最多的时期，欺诈上市情况大量存在。随着会计规范的健全、注册会计师审计的强化和社会各界对会计信息重视程度的提高，上市公司会计信息虚假陈述问题纷纷暴露，财会监督层对这些害群之马加大了惩戒的力度，强化了对法律责任的追究力度。证监会、财政部、中华人民共和国审计署（以下简称审计署）和中国注册会计师协会（以下简称中注协）纷纷加入对虚假信息陈述的查处，一大批存在重大欺诈上市、虚假信息披露的上市公司受到了制裁，有关的责任单位和责任者被追究了行政责任和刑事责任。与此同时，最高人民法院开始受理虚假陈述民事责任案件，又填补了我国虚假陈述民事法律责任追究的一项空白，切实加大了财会监督力度，推动了上市公司信息披露的规范化，促进了证券市场的健康稳定发展。

总之，以证券市场集中统一财会监督模式的确立、证券法的出台、会计制度的再度全面修改、注册会计师业的治理整顿、惩戒力度的加大为标志，我国行政单位对上市公司会计信息的财会监督进入了强化财会监督时期。可以预见，这种趋势将会延续。

从整体上来看，我国会计事业的发展主要得益于上市公司会计信息规范化的需要。我国行政单位围绕着证券市场和上市公司出现和发展的需要，实施了一系列重大举措，如完善了会计规范体系，恢复重建了注册会计师业，加大了惩戒力度，改革了证券市场财会监督组织机构等。十多年来，我国行政单位财会监督建设方面取得的巨大成就令世界瞩目。但也应看到，我国行政单位财会监督在一定程度上还延续着传统经济时代部门分割的情况，行政单位会计监督的建设注重形式而忽视实质，这是导致目前上市公司会计信息财会监督效率低下的一个深层次的原因。

第二节　行政单位财会监督的意义

我们应充分认识到，会计信息市场的缺陷是采取行政单位财会监督的根本出发点。

一、解决会计信息市场失灵问题

一定数量和质量的会计信息是一定历史时期内会计信息供给和需求相互作用的结果。会计信息的需求引导会计信息的供给，而会计信息的供给又制约会计信息的需求，因此，会计信息遵循着商品市场的基本供求规律，存在市场失灵的现象。根据经济学的市场失灵理论，会计信息市场的失灵是指会计信息的生产在数量上和质量上不符合社会需求的最佳量，从而产生信息生产不足、信息生产过剩和信息自由泛滥等问题。导致会计信息市场失灵的原因是多方面的，表现为以下几点：

（一）会计信息供给具有垄断性和竞争性

会计信息供给的垄断性表现为上市公司对会计信息提供的垄断、注册会计师对会计信息质量鉴定的垄断，以及会计规范制定者对会计规范制定权的垄断等。

首先，在会计信息的来源上，上市公司具有垄断优势。与特定上市公司相关的会计信息只是其内部管理性信息的副产品，由其自身提供会计信息既能使提供信息时产生的边际成本达到最小化，又能使信息的传递更加准确、及时和全面，而其他的信息来源则不具有该优势，或者即使存在其他信息来源但却不被投资者所使用；其次，注册会计师准入资格的限制、审计程序的复杂性和审计意见的特殊效用使注册会计师获得了会计信息质量鉴定的垄断地位；最后，会计规范如果采取社会公众与上市公司个别签约的方式共同制定，其制定成本必然太高，因而不可行。阿罗的"不可能性定理"进一步证明，如以社会投票的方式制定会计规范，当选择方案多于两个或投票顺序不同时，会出现非最优方案被选中的可能。从成本效益约束和优化选择的角度考虑，会计规范制定权不应该分散，而应采取以权威性代表集中代理的方式制定，会计规范制定者也因此成为会计市场中最大的垄断者。

会计信息的垄断具有存在的必要性，但垄断与竞争是相悖的。垄断伴随着低效率，包括静态低效率（如产量更低、要价更高）和动态低效率（如技术创新能力下降），且存在着垄断者利用垄断地位来谋求垄断利润的可能性。竞争的公司是价格接受者，而垄断的公司是价格制定者。这一点表现在会计信息的提供上就是会计信息披露质量、审计质量和会计规范质量的下降。

会计信息供给的竞争性表现为会计信息所产生的社会影响。会计信息具有经济后果，它决定着社会财富在不同上市公司之间的配置。在社会约束机制不健全的情况下，提供虚假会计信息至少在短时期内能使造假者获取巨大利益。会计信息对社会资源配置的影响，会计信息所具有的可比性、不易辨识性和易被篡改的特性，促使上市公司利用其垄断的会计信息提供者这一优势地位，从事虚假会计信息提供，使社会资源的配置处于不公平竞争状态。从这个意义上看，不同上市公司的会计信息提供又存在着恶性竞争。另外，会计师事务所之间任意"杀价"，降低审计质量等情况也是会计信息供给竞争性的表现之一。

（二）会计信息具有公共物品性

如果说在私人、合伙性企业及有限责任公司中，会计信息可以采取个别签约的方式在供求双方之间达成共识从而属于私人物品的话，那么，上市公司的股东数量之众、分布之广使会计信息供求的个别签约因巨额的交易成本而变得不可能，此时，会计信息则具有了公共物品性质，并表现出如下特征：

第一，会计信息生产成本的非直接补偿性导致会计信息生产不足。会计信息的生产既有直接的生产成本，又有信息披露导致的竞争优势丧失成本，以及因信息披露不当或被误解而发生的诉讼成本等。通常可通过补贴的方式增加公共物品的供应数量，但是会计信息生产成本具有不同于一般商品的特性，从而使以下各方对会计信息的生产动力不足：① 上市公司的生产动力不足。会计信息的生产无法实现直接的成本效益配比，其效益表现为获取的融资或者维持的股价，而融资的数量和股价具有较大的不稳定性，成本的补偿面临着风险。② 现有股东生产动力不足。会计信息生产成本的负担者是现有的稳定的长期股东，而潜在的投资者和投机性股东却不负担这项成本，但会计信息生产中又不得不考虑他们的需求。这样一来，会计信息生产成本在会计信息实际受益者之间产生分配的不公平问题。③ 大股东生产动力不足。大股东属于现有股东中的特殊群体。大股东在上市公司中往往派驻有董事或监事，有能力和条件获取其所需要的会计信息，信息披露与否不会为其带来增量收益，但其却要承担大部分的信息提供成本。因此，上市公司和现有股东不具有生产会计信息的动力，导致这两者的会计信息生产动力不足。

第二，会计信息存在超常消费问题。具体如下：① 机构投资者、财务分析师基于其业务需要，往往有着超过会计信息供给能力的强烈的会计信息需求。② 会计信息的使用者众多，其各自的需求和理解能力不同，传统财务报告方式无法满足个性化会计信息需求。③ 对会计信息的过分的消费需求，导致针对会计信息提供不足（如关于表外融资、衍生工具和关联交易方面的信息）的诉讼大量增加，而法庭的判决往往以会计信息公允性反映为理由突破既有会计标准的限制，做出有利于会计信息消费者的判决，职业界承担着无法预料的潜在诉讼风险。会计信息生产上的不足和需求上的膨胀进一步扩大了供需缺口，加剧了供需矛盾。

（三）会计信息具有外部性

会计信息的外部性与其公共物品性质是共生的现象。福斯特将会计信息披露中的外部性分为两类：披露内容所引发的外部性和披露时间所引发的外部性。就披露内容而言，上市公司所披露的会计信息会被竞争对手用来采取相应的应对策略，从而使披露者丧失竞争优势。即使所有的上市公司都适用同样的披露规则，非上市公司也可以不受这些规则的限制，上市公司仍然被置于因披露而导致的不利境地。为了规避由于披露所导致的外部性，上市公司可能会拒绝充分披露信息。就披露时间而言，有关的实证研究结果已经证明，有好、坏消息的上市公司在定期报告的披露时间上存在愿意提早和故意延后的差异；公告日附近的非正常收益变化与公告的时间性相关联，披露较早的上市公司非正常收益较高，而披露较晚的上市公司非正常收益则相对较低。信息披露时间差异所导致的外部性会增加优劣程度不同的上市公司在披露时间选择上的随意性。另外，会计信息消费中也存在外部性，股市中存在从众心态和"跟庄"行为，通过观察会计信息优势者的行为或者价格走向，其他人可以推测未知信息，信息的泄露难以避免。市场机制本身无法控制会计信息的外部性。

（四）会计信息具有分布的不对称性

市场经济是竞争性经济，任何竞争的激烈程度都比不上市场竞争。市场的竞争最终表现为对信息优势的竞争。由于会计信息引导着资金的流向、流量和流速，决定着股票价格的走向，所以其决定着社会财富分配的公平性。这样，会计信息分布的公平性就决定了社会财富分配的公平性，而掌握了信息优势就意味着财富的转移。信息优势主要体现为先于市场获知信息、能够正确识别信息"噪音"和掌握操纵信息的权力，它们分别涉及内幕信息获取的管理、投资者能力的差别和上市公司约束机制的健全性等方面。社会结构的层次性、利益主体的有限理性（信息收集和利用能力上的差异）、上市公司所有权与经营权的严重分离，以及公司治理方面的不足等，决定了上市公司会计信息的分布具有不对称性——与投资者相比，管理者掌握着提供信息资源的绝对信息优势；机构投资者依靠其绝对的资金和人力支持、与上市公司之间密切的投资控股关系，掌握着优于中小投资者的信息优势。信息的不对称性导致的直接后果是引发"道德风险"和"逆向选择"，操纵会计信息、利用内幕信息从事内幕交易等机会主义行为更为普遍，从而导致"劣币驱逐良币"的市场秩序混乱的状况出现。此时，投资者，特别是中小投资者的理性选择是规避会计信息的误导，或者进行随机性投资选择，或者退出市场交易，市场将呈现投机盛行和萧条的状况。

二、行政单位财会监督的必要性

会计信息市场失灵是市场机制内在固有的缺陷，它不但阻碍着市场本身的运行，而且会给整体经济运行带来严重后果。会计信息市场失灵无法通过市场机制来解决，需要借助外力来纠正市场失灵。这一外力就是被经济学家们称为"有形之手"的行政单位。由行政单位实施适度的财会监督可以有效弥补会计市场的缺陷。

（一）通过行政单位财会监督抑制过度垄断和引入适度竞争

垄断的低效率和竞争的无序不是市场本身所能解决的，保持适度竞争、抑制过度垄断是行政单位职能的重要组成部分。行政单位对某些方面进行财会监督，促使其形成垄断或者维护现有的垄断，并配以必要的措施遏制垄断的低效率；而对某些方面则通过抑制恶性竞争，来实现优胜劣汰机制的健全和完善，如在将会计规范的制定权授予某一团体或机构从而使其在拥有垄断权的同时，配以提高其内部激励水平和增强外部压力的相应机制，前者如考核会计规范的质量，后者如实施开放式的接管权。再如，实施强制性会计信息披露，通过"阳光"这一最好的"杀毒剂"来遏制会计信息的歪曲；实施强制性审计，通过"经济警察"的功能来维护正常的会计市场秩序；实施严厉的惩戒方案，起到事后补救和以儆效尤之功效，以约束上市公司经理人员的道德风险，提高市场效率和投资者的信心。上述措施综合形成会计信息质量的保障机制。

（二）通过行政单位财会监督弥补会计信息作为公共物品的缺陷

R. 勒夫特维奇指出，持公共物品论的人必然要求强化对会计信息的财会监督。行政单位通过强制性信息披露，决定上市公司应提供的会计信息的数量和质量，无论上市公司愿意与否，都必须按照统一的规则执行，一方面，遏制上市公司对会计信息供应方面的不足，另一方面，将各个上市公司都置于统一的信息平台上，最大限度地减少信息披露对竞争优势的不良影响。具有强制性的信息披露也能够限制信息消费者对会计信息供给的不合理需求，引导其进行合理的信息消费。

（三）通过行政单位财会监督降低会计信息分布的不对称性和外部性

强制性信息披露制度为各个上市公司应披露信息的内容和时间做出了限定，减少了各个上市公司对披露内容和时间的任意性选择，依靠网络化技术进行适时披露的做法又最大限度地降低了会计信息的外部性问题，各个上市公司按照统一的规则提供清晰、可比的信息，及时暴露公司存在的重大问题，增加公开交流的信息数量，减少买卖者借助内幕信息获利的机会，降低公司管理者对会计信息操纵的空间和可能性，通过股价的合理变动，引导投资者的决策，实现稀缺性资源的合理配置，提高市场效率。

总之，会计信息具有供给上的垄断性、竞争性，公共物品性，外部性和分布的不对称性。这些缺陷是会计市场自身不能克服的。这为行政单位财会监督提供了必要的基础。通过行政单位财会监督可以抑制会计信息供给的过度垄断，以保持适度竞争，弥补会计信息公共物品的缺陷，降低会计信息分布的不对称性和外部性。

第三节 行政单位财会监督的优势和不足之处

一、行政单位财会监督的优势

（一）行政单位财会监督推动了会计实务和理论的变革

首先，在历史上，会计的最初规范源于行政单位对税负管理的需要。由于西方某些时期实行中央集权制，为了维护公共权力机构（包括军队、警察和法庭等）的正常运转，以管理捐税和宫廷财产为主的官厅会计成为"治国安邦"

的主要力量，且受到统治者的高度重视。此时，官厅会计比民间会计更加发达，这与行政单位所起的作用是分不开的。

其次，跨国公司的建立（行政单位经济政策范围的扩大）推进了母国会计实务的输出，而为跨国公司提供会计服务的国际会计公司（即现在的四大会计师事务所，简称"四大"）甚至直接渗透到东道国中，对会计规范的制定施加影响。例如，德勤会计公司通过竞标得到了由世界银行资助的中国会计准则制定项目，直接参与了中国会计准则的制定。

最后，行政单位对股份公司的规范开辟了财务会计发展的新空间。从历史的发展来看，自股份公司出现时起，会计信息的提供就或多或少、直接或者间接地受到行政单位财会监督的影响。例如，英国的《公司法》提出了对会计信息披露的基本要求。美国股份公司发展早期尽管没有《公司法》这样的法律规定，但是，其会计信息披露在很大程度上受到英国会计实务的影响，如美国早期的注册会计师来自英国，是英国会计思想传输的一条重要通道；至19世纪中后期，美国行政单位通过对股份公司实施价格和利率管制，影响了会计信息的处理和披露，SEC的成立更强化了行政单位对会计信息的介入。而对处于转轨时期的发展中国家来说，行政单位的作用更是无处不在。行政单位在会计规范制定、强制性审计要求、会计违法惩处和会计理论建设等方面发挥着举足轻重的作用，推动着会计业的发展。

（二）行政单位财会监督维护了委托—代理链条的正常运转

委托—代理关系存在于社会的各个环节，上市公司则使委托—代理关系更加复杂化，呈现为各种契约关系交织的网络。会计信息的纵横传递如同网络的经纬，联结着委托—代理链条。均衡状态下的委托—代理关系的维系一般有两个前提假设：一是委托人与代理人在地位、意志和权利上平等，委托—代理契约能够在双方平等协商一致的基础上签订；二是委托人与代理人无根本利益冲突，即不存在先验的、逻辑上的利益冲突，委托人对代理人持信任和肯定的态度，代理人对委托人持忠实履行职责和有诚意的态度。但实际的委托—代理关系存在着非均衡性，会计信息所具有的下述特性使得委托—代理关系的链条更易中断，由此而造成的损失也是巨大的。

第一，会计信息的专用性。会计信息是以会计主体为核算对象的，离开了特定公司的会计信息是无意义的。只有当会计信息能够基本正确地再现其所依附的上市公司的实际市场价值时，会计信息对决策来说才是有用的。会计信息来源的唯一性也增强了会计信息的专用性。

第二，会计信息价值的不确定性。作为一种反映性描述，会计信息价值的不确定性程度远远高于实物资产。会计信息的价值体现为它能为会计信息使用者做出决策提供帮助，但由于使用者的需求角度、信息收集能力和理解程度等方面的差异，同样的会计信息对不同的使用者而言价值差异极大。同时，在现行会计模式下，会计信息所体现的公司价值与公司真实价值之间也存在着较大的背离。

专用性和不确定性程度越高的资产对契约的要求程度越高，偏离契约的机会主义行为给委托方造成的损失越大。但信息分布的不对称性决定了合约的签订内容是不完备的，而这就需要在合约执行功能上加以改善，即监督合约的执行。由每一个投资者都对契约执行情况进行个别财会监督这种行为，既不可能发生（就财会监督成本、能力等而言），也无必要（因为有更好的替代方法），更不被允许（基于对代理方正常经营权的维护）。而且"搭便车"的心理会动摇个体投资者的财会监督动机，市场中的投资者如以投机为出发点，就会更少地关注会计信息的质量。彼此依赖、观望的结果使代理方处于无财会监督状态，委托方的权益无法得到保障。因此，由一个能够代表所有委托方利益的机构或者团体来监督合约的执行既是必要的，也是必需的。该团体或机构的代表性程度或依赖于其公平性，或依赖于强权。前者是相对的、难以界定的，也是发展的；后者是绝对的，依赖于信誉或强制力。由于行政单位主体在政治力量的对比和资源配置权力上处于优势地位，它的制度供给能力和意愿是决定制度变迁的方向、深度、广度和形式的主导因素，非行政单位财会监督主体的制度需求一般须得到行政单位的认同或批准才可能被全部或部分满足。因此，由行政单位实施财会监督，是弥补投资者与上市公司委托—代理合约不完备性的最佳执行机制。

（三）行政单位财会监督降低了信息成本

证券市场是竞争程度最激烈的市场，而竞争的过程实际上就是一个搜寻、检验和证实信息价值的过程。但信息价值不可能在获得之前进行评估，只能以既有的知识、经验和承受能力，收集、估计信息含量水平，并以试错的方式进行决策。但此时，有关信息成本已经成为沉淀成本、机会成本，而一旦信息搜寻错误（如收集了不适当的信息或者收集了误导性信息），还要承担决策错误成本，其损失无法估量，因而，信息成本是巨大的，信息风险也是巨大的。会计信息使用成本的大小决定了信息使用者对会计信息的认同程度。如果信息使用成本很高，投资者就不会在信息搜集方面进行大量投资，那么，投机的因素就占据主导地位，资源的有效配置就较难实现。信息使用的特性决定了要降低信息使用成本和风险就必须从影响信息使用的源头上入手。信息的使用程度主要取决于以下两个方面的因素：

① 信息使用者的成熟程度，包括好奇心、创造性、胆量、知识水平、能力、对知识的渴求程度和承受风险的意愿等；② 信息环境，包括信息渠道通畅度、信息透明度、公众对信息的认识程度和信息本身的质量等。信息使用者的成熟程度是由其受教育程度决定的，信息环境的优劣是宏观整体上的表现。这两个方面都不是某一个体或者社会群体力所能及的，唯有行政单位才能够承担如此重任。例如，行政单位通过实施投资者教育，引导投资者合理使用会计信息，约束其对会计信息的无限要求；通过制定和实施统一会计规范，提高会计信息的可比性；通过强制性会计信息披露，提高会计信息的透明度；通过强制性审计和事后惩戒，提高会计信息质量等，都有助于大幅度降低竞争的信息成本和风险。

（四）行政单位财会监督增强了市场的信心

事实上，市场的运行依赖于政治制度下的各种强制性权力。国家运用这些权力，建立并保障市场上的权力，直接提供某些基本的设施，并间接地创造出彼此信任、理解和有安全保障的环境，这种环境对公司的日常生产是至关重要的。这说明，个人福利不仅依靠私人部门的市场交易，而且在很大程度上依靠行政单位所提供的产品和服务，如法律制度、教育、经济基础等。可见，市场交易能否正常进行，取决于是否有明确的规则来界定个人拥有的产权的性质、商品分配的形式、市场交易合同的形式，是否有解决纠纷和迫使各方遵守规则的方法等。行政单位所要提供的正是一种有序的市场环境和明晰的交易规则，它们能使投资者产生稳定的市场预期，增强其投资的信心，使其产生合理的投资理念。

（五）行政单位财会监督在转轨时期具有重要的作用

在市场发展的初级阶段，强调行政单位的集中统一财会监督，设计一个具有高度权威和独立性的行政单位财会监督机构是新兴市场的共识。就我国而言，在由传统经济向市场经济过渡的过程中，公有制的主体地位和行政单位宏观调控的需要，决定了行政单位的多元身份，由行政单位实施财会监督，是满足行政单位需要的最直接的手段。行政单位利益需求使行政单位财会监督变得理所当然。

二、行政单位财会监督的不足之处

传统的行政单位干预理论建立在"自由市场是自利的，而行政单位是公利的"这一理论基础上。而 20 世纪 60 年代以美国经济学家詹姆斯·布坎南和戈登·塔洛克为代表的公共选择理论认为，市场与行政单位之间的重要差异并不在于人们追求的价值或利益不同，而在于他们追求利益时所处的条件不同。英国经济学家约翰·穆勒也认为，人不会因为结成团体就变成另一种完全不同的东西，行政单位及其公务员不仅具有政治人特征，而且具有鲜明的经济人特征。"经济人假设"使自由市场和行政单位实现了有机结合，有了一个统一的考察标准。在此基础上，经济学家们进一步提出了行政单位失灵的概念。美国经济学家保罗·萨缪尔森认为，当国家行动不能提高经济效率或当行政单位把收入再分配给不恰当的人时，行政单位失灵现象就产生了。可见，行政单位失灵是行政单位在力图弥补市场失灵过程中的伴生现象。詹姆斯·布坎南和戈登·塔洛克认为，外部性、公共物品和信息不对称问题既困扰着自由市场，也困扰着行政单位。美国著名经济学家约瑟夫·斯蒂格利茨列举了行政单位的四大失灵现象：不完全信息和不完整市场、行政单位寻租行为和不公平、行政单位机构较大的运行成本，以及缺乏竞争和效率。这些行政单位的缺陷同样存在于行政单位财会监督中。

（一）行政单位财会监督的垄断性导致其自身财会监督行为的低效率

行政单位在对市场垄断性实施干预的同时，又形成了新的垄断。与市场性垄断不同的是，行政单位往往有条件成为它想成为的垄断者，能够以法律或条令的形式对其垄断予以确认，并且这种垄断很少受到非议，这种情况被约瑟夫·斯蒂格利茨称为"真正的自然封闭性"。行政单位财会监督的封闭导致如下弊端出现：

1. 行政单位权力无约束

行政单位的垄断性和权威性使公众无力约束行政单位的财会监督行为，"搭便车"的心理也使公众不愿对其加以约束，而无约束的权力极易导致财会监督缺失和社会监督不力。

2. 行政单位官员开辟设租场所

财会监督是部分人借助权力对他人实施的限制，是政治权力对经济市场的介入。封闭性财会监督权的行使易于产生行政单位官员设租、被财会监督者寻租和避租的现象，而一切寻、设租行为都是对社会资源的浪费。

3. 行政单位财会监督效率无保障

行政单位财会监督的封闭性使其不面临实质性竞争，缺少有效的激励，缺乏关于财会监督效率高低的衡量标准，量化的困难又增大了考核的难度，行政单位财会监督产出的质量和运行的效率难以评估。

（二）行政单位财会监督目标的多元取向导致行政单位角色的冲突

在市场经济中，上市公司的利益取向应是单一的，即在不违法前提下的利润追逐。美国著名管理学家彼得·德鲁克曾指出，公司的首要社会责任就是生产足够的盈余，没有盈余，就等于攫取公共财富，浪费社会资源。相对于上市公司，行政单位的财会监督目标是多元的、难以测度的。例如，以我国行政单位与上市公司的关系为例，行政单位集会计信息提供者（对国有大中型企业委派财务总监、稽查特派员），使用者（决定国有资产收益分配的合理性、进行宏观经济政策的制定）和监督者（如财会监督部门的监督检查）于一身，行政单位一手要抓好几个"球"，轮流在空中转，即使使出浑身解数，也难免有"球"落地的危险。行政单位的多元利益目标取向，一来，使行政单位存在深刻的角色冲突，有可能利用其社会管理者的独有权力来谋取其所有者的利益，维护行政单位部门的自身利益而不是社会利益，违背公平的市场交易原则；二来，使行政单位的活动空间增大，对行政单位的监督难度也随之增大；三来，使行政单位对上市公司的要求多元化，行政单位的行为演变为上市公司的行为，既要求上市公司参与市场竞争，以实现盈利目标，又要求上市公司承担众多的社会责任。这种以两种标准评价和监督上市公司履约行为的方式，极易导致上市公司利用相互矛盾的目标函数做出机会主义行为，进而使行政单位的财会监督无从下手。行政单位的不适当行为导致上市公司行为的扭曲，而行政单位的行为与上市公司的行为均被扭曲的经济将是混乱无序的经济。

（三）行政单位财会监督使协调性成本增大

在竞争性市场中的各个上市公司，能够通过供求机制的引导实现彼此的协调，而对于在政治市场中的各个行政单位财会监督部门，却不存在这一无形且有效的协调机制。行政单位财会监督属于集体决策，集体决策比个人决策要复杂得多。集体决策的效率性不仅取决于单个人智慧充分发挥的程度，而且取决于部门内部个人之间和部门之间能否取长补短、相互协调。群体的力量在有效机制的约束下能取得"1+1 > 2"的效应，但现实中却大量存在智慧抵消和智慧丢失的情形，呈现"1+1 ≤ 2"的抵消效应。首先，获取、加工信息的过程和决策过程被分离。其优势是可以产生规模信息和规模决策的规模效应，但同时也会出现信息滞留现象；其次，决策者间的协调涉及权力的再分配，在财会监督过程中，财会监督者往往利用所控制的手段和资源去追求局部的利益，形成个人或部门权力的扩张，引发巨额的摩擦成本，延迟财会监督政策的出台，降低财会监督的效率；再次，在决策中利益和风险相分离，特别是在权、责、利三者对应机制不健全时，难以避免任意决策；最后，独断作风不可避免，而办事人员总是会出现一意孤行、墨守成规、办事拖沓等行为。与私人部门相比，行政单位更缺乏规避上述错误的激励机制。

（四）行政单位财会监督产生了新的信息不对称和外部性问题

行政单位对市场的有效干预依赖于对市场信息的全面、及时和准确把握，片面、过时和失真的信息必然带来决策的失误和管理上的顾此失彼，导致整个市场运行效率的降低。由于财会监督者处于社会层级结构的"塔尖"，因此，信息不对称问题更加显著。虽然依靠行政单位的权威可以获取任意一种信息，但行政单位获取的信息是自下而上逐级汇总、累积的结果，信息传输中的时滞、错误、虚假等弊端不易克服，信息的充分性和代表性难以保障，当错误信息累积到足以引起行政单位重视的程度时，一则已经导致了较大的社会损失，二则行政单位需要进行大的结构调整，这将对经济和社会产生震荡性影响，增大行政单位的决策成本。由于人们的决策实际上就是以既有的知识结构作为解释框架去解释新获得的信息结构的所谓真实含义，然后决策并采取行动，因此，财会监督者的素质就对财会监督的效率有巨大影响。在财会监督信息不足和财会监督者能力有限的情况下，即使财会监督者主观上有着良好的愿望，其财会监督的实际效果也会大打折扣。况且，财会监督者地位的权威性、财会监督过程的技术性和非公开性，以及财会监督结果的非可比性，导致社会对行政单位财会监督过程的监督和绩效衡量较为困难，行政单位财会监督中的道德风险和逆向选择问题更加严重。

第二章　行政单位财会监督

第一节　行政单位财会监督的相关理论

一、委托代理理论

委托代理理论构建的基础主要是信息不对称博弈论，同时，它也是契约论中非常重要的一部分。委托代理理论的研究对象主要是委托代理关系，它是指行为双方依据某种事先确定的或隐含的契约，其中一方赋予另一方一定的权力，使得另一方为之提供相应的服务，前者依据后者为之提供的服务数量和质量向其支付报酬。在这个关系中，给另一方赋予权力的人叫作委托人，而被赋予权力的一方则被称为代理人。在很多关于委托代理的研究中，美国经济学家斯蒂芬·罗斯最早提出对委托代理的解释。他认为，当事人双方中的一方代表另一方的利益行使一定的决策权力，那么委托代理关系就随之产生。

用委托代理理论解释委托代理关系这一角度不同于传统的微观经济学，并且在某些方面要优于一般的传统微观经济学。其主要观点认为，生产力的高速发展以及规模化大生产的产生，使得委托代理关系随之出现。其主要原因体现在两方面：一是生产力的高速发展要求社会分工更加细化，拥有权力的一方不能以有限的时间和精力行使其全部的权力；二是专业化的出现使得大批掌握专业技术知识的代理人随之产生，他们有充足的时间和精力、专业的技术能力，能够充分行使委托人所赋予的权力，并为其创造相应的利润。

委托代理理论存在于社会生活的各个领域当中，行政单位和人民之间的关系也可以用委托代理关系解释。在我国的政治模式中，人民将管理国家的权力赋予行政单位，行政单位在拥有权力后，按照全国人民的意愿管理国家，只有这样，行政单位才能够得到人民的广泛支持。而为了达到这一目标，合理的行政单位管理幅度是重要的保障之一，因此，在成立中央行政单位的同时，必须成立不同级别的地方行政单位，二者共同组成了我国的行政单位体系。由于地方行政单位比中央行政单位更加贴近其所管辖区域内的民众，并且在获取信息方面也更加便捷，因此更有利于了解和实现区域内群众的需求，能够更好地实现广大人民群众的根本利益。我国的行政单位被划分为五层，分别是中央、省、市、县、乡镇。中央行政单位代表全国人民行使国家权力，各省、市、县、乡镇又分别在各自的具体区域内代表人民行使代理权。

我国的乡镇居民不仅属于全县居民的范围，又隶属于全市、全省和全国的范畴，是拥有居民身份最多的层级，因此，满足基层群众的需求，实现其根本利益是代理人的根本出发点。委托代理理论是其达到目标的理论基础，充分阐释了行政单位与群众之间的代理关系。

二、受托责任观

受托责任是在委托代理理论的基础上发展起来的，并随着委托代理理论的发展而发展。委托人将其权利赋予受托人，受托人在接受委托拥有权力的同时也应承担相应的责任，即受托责任。受托责任关系不仅是一种非常普遍的经济关系，也是一种动态的社会关系。在实际生活当中，受托责任关系处处可见，企业中董事会对股东大会负责、行政单位对人民负责、股票经济人对其持有人负责等，都是受托责任的表现。

受托责任观的发展与公司制和现代产权理论的发展密不可分，工业革命完成后，企业形式发生了重大变化，公司制开始广泛流行，与此同时，企业的所有权和经营权也发生了分离，拥有资源的所有者和经营者也相继分离。经营者接受所有者的委托成为受托方，委托方授予其一定的权力，受托方也因此承担了相应的责任和义务，定时向委托人汇报其管理情况以解除受托责任，委托人通过事先拟定的合约以及相关的法律法规来激励、约束受托责任人，以期实现利益最大化的目标。

根据委托资源的主体不同，受托责任被划分为公共受托责任和非公共受托责任。公共受托责任是指各级行政单位有责任从事公共经济的管理活动，也可以说是人民把公共经济资源交予各级行政单位，各级行政单位所必须履行的义务。在我国，人民通过民主选举的方式产生了行政单位，行政单位实际上是接受受托责任代表人民管理国家，是对人民的公共受托责任。公共受托责任又可以被具体划分为公共直接受托责任和公共间接受托责任，在我国，行政单位所接受的公共受托责任是公共直接受托责任。国家是社会矛盾发展到一定阶段的产物，人民是国家的当家人，拥有国家的一切权利和财富，行政单位是通过人民选举产生的，人民赋予各级行政单位管理公共资产的权利，行政单位依靠其强制力，无偿地征收税务，以保证其权利顺利实施、保证其社会管理活动符合人民的根本利益。行政单位代表国家意志行使资产的筹集、使用以及管理社会公共资源，但归根到底是直接接受人民的委托，对公民承担一种直接的受托责任。

受托责任理论阐明了行政单位与人民之间的关系，为行政单位日常工作提供了理论依据，有助于贯彻落实以人为本的精神，从人民的根本利益出发，充分发挥其管理国家、提供公共服务的职能，更好地利用人民赋予的权力履行其受托责任义务，提高履职绩效。

三、新公共管理理论

20 世纪 70 年代末，西方发达资本主义国家掀起了一场轰轰烈烈的行政单位改革，引起了各界人士的极大反响，这场改革也被人们称为"重塑行政单位运动""行政单位新模式"等。这场改革也催生了新的公共管理模式，进而出现了新公共管理理论。

新公共管理理论的主要观点包括以下几点：① 改变传统的行政单位与群

众的关系,引进市场服务中顾客至上的价值理念。在新公共管理中,行政单位从传统公共理论中发号施令的权威官员机构,转变为为人民提供服务的机构,其行政方式也从原来的"管治行政"转变为"服务行政"。行政单位提供公共服务的对象是公民,以公民的需求为导向,尊重公民的主权,始终坚持服务的方向不动摇。新公共管理着重关注行政单位在实施各个项目时的有效性,以目标为导向,以公民满意度为中心,行使行政单位权利和提供服务。行政单位最重要的目标就是要为公众提供较高质量的公共产品并为其提供优质、高效的公共服务。② 改变传统的治理方法,行政单位职能由"划桨性"转变为"掌舵性"。新公共管理理论认为行政单位应该在宏观层面制定政策、掌握宏观方向,而不是执行具体政策、注重微观层面。传统行政单位效率低下的主要原因之一就是将大部分精力用于微观层面,忽视了宏观层面的指引作用。③ 打破传统的公共管理机制,适当地引入竞争机制。传统的公共管理理论希望构建等级森严的强势行政单位,注重扩大行政单位的干预范围,而新公共管理理论则认为,应该适当地引入竞争机制,通过市场竞争使更多的盈利部门参与到提供公共服务当中,以提高公共服务的水平和效率,降低提供服务的成本。通过竞争获得生存、获得高质量、获得高效率。适当地引入竞争机制能够使具有垄断性质的行政单位部门对公民的需求及时做出相应的反应,调整相应的政策行为,更好地实现人民的根本利益。④ 更加注重效率。与传统的公共管理理论不同,新公共管理理论主张实施绩效目标管理,根据组织和个人制订相应的目标,同时,根据绩效目标对其组织和个人完成的情况进行评估。新公共管理理论还主张转变传统的重投入、轻结果的理念,依据交易成本理论,重视公共管理活动的最终结果,注重对外提供服务的质量和效率。⑤ 改变行政单位传统的单一雇佣制度,开展雇佣制度创新,引进临时工和合同工制度。新公共管理理论主张对某些高级公务员实施政治任命,使他们参与政治决策,增加他们自身的使命感和责任感,使其尽职尽责地工作,以提高其服务水平和工作效率。

新公共管理理论是行政单位开展工作的重要理论依据,前者为后者提供了重要的指引作用,有利于行政单位更好地行使公共管理的职能,利用人民赋予的权力,提高公共服务的质量和效率,更好地为广大人民群众谋福利。

第二节　行政单位职能与财会监督的含义

基层行政单位作为国家行政管理机构中最基层的组织，是整个行政单位机构能够顺利运行的重要基石，基层经济的发展、国家相关政策的落实都离不开基层行政单位职能的发挥。

一、行政单位职能的含义

（一）政治职能

这是基层行政单位的首要职能，这一职能的目标是贯彻落实国家相关的法律政策，不断推进民主建设。对国家的政策方针以及相关法律法规，基层行政单位坚决予以执行，保证政令畅通；积极落实政务公开、保障公民的选举权等基层民主政策，不断加快基层民主政治建设的步伐；在基层党组织建设方面，不断加强对党员干部的培养力度，打造优秀的基层工作队伍，切实保障基层党组织成为带领群众发展的领头人。政治职能的有效发挥有利于提高基层行政单位的执政水平，巩固其自身的执政地位。

（二）经济职能

基层行政单位一般通过设置经济发展办公室和农村经济服务中心来发挥其经济职能。经济发展办公室主要贯彻执行党和行政单位有关发展基层经济的方针、政策和法规，监督检查执行情况，并做好地方企业的调查研究；农村经济服务中心主要负责宣传、贯彻国家有关农业的法律法规和方针政策、拟定辖区内农业和农村经济中长期发展规划、深化农村经济体制改革等。

（三）公共服务职能

公共服务职能是基层行政单位应当履行的主要职能，各基层行政单位通过民政服务中心、人力资源和社会保障服务中心、社会服务站、农业机械管理站等专项部门，贯彻落实国家各项方针政策、为贫困人群提供生活保障、促进社会就业等，为基层群众提供更多的公共服务，为经济、社会发展创造有利的条件。

（四）社会管理职能

基层行政单位的社会管理职能主要是为建设和谐农村、建设和谐社会创造有利条件，保障公民的政治、经济、文化权利。维护社会安全秩序，依法对各种违法活动进行相应的惩处；发生各种突发情况时，及时做出相应的决策，进行妥善的处理，保障公民的人身、财产安全；对于基层群众发生的利益纠纷和矛盾，要及时予以处理，为建设和谐农村、建设和谐社会打下坚实的基础。

基层行政单位作为一线的行政管理机构，对基层的政治、经济、文化、社会的发展都会产生极大的影响，其职能的有效发挥直接关系到辖区的民主建设、经济发展、文化建设和社会稳定等，是巩固国家政权的根基所在。同时，我们也应该注意到，基层行政单位这些主要职能的履行，需要由村委会代为执行和密切配合。因为，无论哪项职能的发挥都无法脱离群众，基层行政单位人员有限，工作量较大，而村委会是比基层行政单位更加接近群众的机构，政策的改革需要村委会向村民进行宣传，政策的落实也需要村委会来推动。因此，本书认为，在研究基层行政单位会计监督体系时，有必要将村委会会计纳入研究范围。

二、行政单位财会监督的含义

财会监督是按照国家相关的法律法规对会计工作进行一定的控制，并利用有效的会计信息对经济活动进行全面的综合监督，以期达到提高本单位会计信息披露质量和经济效益的目标。

财会监督可以分为广义和狭义两种。狭义的财会监督是会计的基本职能之一，它是指会计根据预期的目标和要求，对会计主体所实施的活动进行一定的约束和控制，以促进其达到这些目标。而广义的财会监督，在内容上，不仅包含内部监督，还包含外部监督。本书讨论的行政单位财会监督属于广义的财会监督范畴，是依照国家有关法律、法规、规章对会计工作进行控制，并利用正确的会计信息对经济活动进行全面、综合的协调、控制、监督和督促，以达到提高会计信息质量和提高财政资金使用效率的目的。

第三节　行政单位财会监督的主体

一、内部会计人员

我国会计相关法律明确规定，各单位的会计机构、会计人员对本单位实施财会监督。从这一规定可以明确看出，会计人员是我国财会监督的重要主体之一。会计人员作为监督的主体，其本身具有一定的特殊性，主要表现在两方面：一方面，会计人员要遵守国家关于财经方面的法律法规；另一方面，会计人员又是本单位的人员，又要保护所在单位的利益。由于会计人员身份具有特殊性，所以其在财会监督工作中的任务比较艰巨。在基层行政单位财会监督体系中，内部会计人员在整个监督过程中发挥着重要的作用，主要体现在以下几个方面：

第一，有利于维护国家财经法律法规。财经法律法规是所有单位必须遵守的基本准绳和重要依据。内部会计人员要依据国家相关法律法规对本单位活动是否真实、是否合法合规等进行相应的监督，从而促进本单位严格依照法律法规开展工作。会计人员是会计工作的实施者，本单位的一切财务收支都要通过会计人员，因此，内部会计人员实施有效的财会监督能够切实维护国家法律法规，保证会计工作有法可依。

第二，有利于保证会计核算凭证的合法合规性。内部会计人员实施严格的监督能够增加会计人员的责任感，严格遵守国家相关法律法规，坚决不处理不合法、不合规的凭证，对记载不清楚、不完整的原始凭证予以退回，要求其重新填写，做到账证相符，严厉禁止做假账行为，保证会计工作最初环节的合法合规性。

第三，有利于确保会计信息的可靠性，及时发现问题、解决问题。会计人员直接参与基层行政单位日常财务活动，进行核算、控制、预测和决策，内部会计人员实施有效的财会监督能够使从会计凭证到会计账簿等一系列会计工作合法合规，从而使提供的会计信息具有较高的可靠性。同时，在监督过程中，内部会计人员比较熟悉会计业务流程，能够及时发现并解决问题。

第四，有利于减少违法乱纪现象，提高行政单位的履职绩效。现阶段，我国全面实施依法治国，严厉打击违法乱纪现象，尤其对行政单位的工作人员，更是提出了高标准的要求。内部会计人员监督能够规范会计人员的行为，端正其工作态度，提高其思想水平，当国家利益和个人利益冲突时，使其能够时刻以国家利益为首，防止其为了一己私利而做出违法乱纪之事，以致损害人民的利益，降低行政单位的履职绩效。

虽然内部会计人员在基层行政单位财会监督过程中发挥着重要的作用，但由于内部会计人员受单位领导，其在监督过程中的行为难免会受单位影响，因而，内部会计人员的监督作用在一定程度上是有限的。

二、上级单位

作为基层行政单位的直接管理机构，上级行政单位是重要的外部监督力量，在基层行政单位财会监督中起着不可替代的作用。上级行政单位通过对下级下达命令和安排工作，使国家政策得以落实，行政单位工作得以顺利开展；同时，上级行政单位也对基层行政单位工作进行监督，促使其更好地履行职责，提高行政单位的履职绩效。

上级行政单位通过对基层行政单位进行相关检查能够使下级部门按规、按章办事，减少违法乱纪事件的发生。上级行政单位所实施的监督能够弥补社会公众以及内部会计人员监督的不足，减少处理时间，发现问题后能够在权力范围内对那些违法违规行为直接进行处理，缩小事件的影响范围；同时，也能够给下级单位以严厉的批评警告，使其在以后的工作中更加严格地按照法律法规办事。

上级行政单位运用自身的权力对基层行政单位进行监督，有利于规范下级人员的行为，但上级行政单位和基层行政单位也有共同的利益，上下级行政单位间有合谋的动机，因此，还要有社会公众的监督。上级行政单位的监督加上外部社会公众的监督能够构成一张紧密的监督网，并且，上级行政单位在权力上给予外部社会公众一定的支持，使其能够更好地发挥监督作用。外部监督作用的充分发挥能够有力地弥补内部监督的不足，使监督体系更加完善，而完善的监督体系能够促使基层行政单位的会计行为更加合法合规，从而更好地履行行政单位的职能，切实地维护人民的根本利益。

三、外部社会各界

社会公众监督是指，社会公众通过各种途径对我国行政单位的各种行为和活动进行监督，是我国长期以来行之有效的一种监督形式。由于利益关系以及内部会计人员受制于行政单位，使得内部财会监督时常不能发挥其相应作用。例如，基层领导要求内部人员做一些可能违背相关规定的行为，有些会计人员出于对自身利益的考虑，担心如果拒绝可能会不利于自己以后的发展，往往会因此放弃其所坚守的原则，做出违法违规的行为。而且，相关法律法规取消了会计人员对会计资料不真实、不完整的连带责任，这更助长了违法违规现象的发生。而内部监督由于人员有限，工作量较大，往往会出现鞭长莫及的情况，外部社会公众的监督能够对此情况起到一定的弥补作用。

社会公众的监督力量是非常强大的，倘若把行政单位行为交于社会公众进行监督，发挥群众监督的重要力量，那么将极大地提高监督效率，打击违法违规现象。基层行政单位财会监督大多采用内部监督，这种监督形式受到主观因素的影响，有其明显的弱点：监督者与被监督者具有利益的共同性，导致监督者的监督效果达不到预期的目标。但社会公众的监督则不同，其监督主体与客体之间没有利益关系，相对独立，因此能够有效地弥补内部监督的不足，从而使监督力量落到实处。

社会公众监督能够及时发现腐化问题，克服内部监督的弊端，减少违法违规行为的发生。同时，由于社会公众积极关注公共利益的实现，能够切实监督基层行政单位的行为，有利于提高基层行政单位的履职绩效，使得行政单位更好地贯彻为人民服务的宗旨。

第四节　行政单位财会监督的基本原则

一、合法合规性原则

财经法律法规是我国进行经济活动的重要规范，也是经济活动得以有效开展的重要保障。财会监督实施过程关系到各方面的利益，因此，必须以法律法规为依据，对合法的行为予以保护和支持，对违法违规的行为予以揭露和批判。无论是内部会计人员、上级行政单位还是社会公众，在发挥其监督作用时，都必须以财经法律法规为依据，遵循合法合规性原则。

内部会计人员在实施监督时要根据合法合规性原则要求，严格规范自身的行为，遵守法律法规，坚决杜绝徇私舞弊、违纪违规行为。随着经济的高速发展，交易形式也越来越复杂多样，会计造假手段更加隐蔽。实行财会监督的主要目的是打击违法现象，规避违规行为，这也要求其监督本身应当合法合规。在实施监督的过程中，内部会计人员要严格按照法律法规办事，坚决杜绝为一己私利而对违法行为视而不见的行为。

上级行政单位在实施监督时要遵循合法合规性原则。上级行政单位实施监督时，在判别各项行为是否合法的过程中，必须以法律法规为依据，检查各项政策法规的执行情况，揭露存在的相关问题，对违反相关规定的行为予以纠正，保障会计工作的有效进行。在实际工作中，必须防止基层单位以领导的指令为依据的现象的发生。有些单位领导认为自己有权力指挥本单位的一切工作，认为财会监督工作也应该一切按照其说的去做，这种"一言堂"现象在基层财会监督中时有发生。上级行政单位在实施外部监督时要严格遵循合法合规原则，坚决杜绝这种行为，任何不符合法律法规的指令都不应该成为财会监督的依据。

社会公众在发挥其监督作用时也要遵循合法合规性原则，对行政单位行为进行监督时，首先要监督的也是该单位的各项工作是否合法合规。

二、公平公正性原则

在财会监督过程中，公平公正性原则就是要求财会监督人员办事公正公道、不徇私情，合情合理地考虑各方面的相关因素；平等对待每个人，在相同的情况下相同对待，情况不同时不同对待，不得存在任何歧视行为。尤其是内部会计人员和上级行政单位在实施监督过程中更要严格遵循这一原则。

现阶段，我国大力实施各种惠农政策，基层行政单位会计是惠农政策落实的关键，是基层行政单位运用好财政资金过程中重要的"守门员"，财会监督则是惠农政策得以落实的最坚实的屏障之一。行政单位想要与群众保持最密切的联系，公开相关信息以提高透明度是一种行之有效的方法。而在财会监督中坚持公平公正原则有利于保证工作人员"一碗水端平"，有利于提高老百姓对惠及自身的政策的知情率。提高惠农政策的透明度，也可以促进行政单位公开公示的有效落实，进而提高基层工作的透明度。

不管是公正还是公平，对于内部会计人员和上级行政单位的具体要求都涉及两个方面：一是实体方面，二是程序方面。公平公正性原则在实体方面的要求如下：首先，要依法办事，不偏袒营私。行政单位不是为某一个人的利益而存在的，是所有人民的行政单位，必须对人民的利益负责，离开了依法办事的准绳，公平公正便无从谈起。其次，要平等待人。工作人员在日常工作中要保持良好的心态，平等地对待每个人。最后，应当合情合理地考虑相关因素，不独断专行。面对日益复杂的会计行为，在进行监督的过程中，应当综合考虑各方面因素，不应仅凭个人的主观认识、判断推理做决策。公平公正性原则在程序方面的要求如下：一是当涉及与自身利益相关的情况时，应积极主动地回避；二是当涉及多方利益时，不单独实施监督调查。

三、成本效益性原则

成本效益性原则是指用尽可能少的支出和费用达到相应的目的或者获取最大的效益。这一原则虽然没有被列入会计原则当中，我国的会计基本准则也没有对其进行具体的阐释和说明，但它却在某种程度上对财会监督工作提出了一定的要求。监督主体在实施财会监督时要时刻注意这一原则的要求。

在进行基层行政单位财会监督工作的过程中，各监督主体实施监督时的成本支出主要包括人工成本、机会成本以及正常运行的维持成本等；产生的效益主要包括规范会计行为，减少违法违规现象，提高行政单位履职绩效和会计信息披露的质量等。在实施财会监督的过程中，应当遵循成本效益性原则，力求用最少的支出获取最大的利益，这就要求监督时要将监督事项分出轻重缓急，对影响较大的事项投入较多的成本，以求将不利影响降到最低；对影响较小或不重要的事项投入较少的成本，以达到规范警示的作用。

成本效益性原则要求基层行政单位在财会监督工作中切忌千篇一律，不分主次，盲目进行监督。忽略成本效益性原则是对国家资源的浪费，对人民的不负责，不利于实现行政单位的高效率工作。因此，各监督主体进行监督工作时，要在遵循合法合规、公平公正等原则的基础上，将成本效益性原则贯穿始终，以节省国家资源，提高工作效率。

四、重要性原则

重要性原则是指，在基层行政单位财会监督过程中应当对影响较大的活动重点监督；对影响较小的活动，在不影响会计信息披露质量的前提下，配备较少的监督资源，简化处理。基层行政单位财会监督不可能对每项活动都进行全面的监督，尤其是上级行政单位和内部会计人员在进行财会监督的过程中，应当遵循重要性原则。社会公众在发挥自身监督作用时，必然也会对那些对自己切身利益有重大影响的事项进行重点监督，这也是重要性原则的体现。

在运用重要性原则时，"重要性"的判别标准非常重要，然而，时至今日，仍然没有一个统一的标准。现有的大部分政策法规都只是针对各种具体的情形有一些较为模糊的标准，或者只对确定重要性标准的基本原则和方法做了一定的规定。重要性的判断标准也是基层行政单位财会监督遵循重要性原则的关键部分，由于很难有统一的具体标准，导致其在很大程度上依赖会计人员的主观判断。影响重要性判别的因素是多方面的，可概括为以下三点：

第一，会计相关法律法规。会计相关法律法规主要是指《中华人民共和国会计法》（以下简称《会计法》)、《中华人民共和国税法》、《中华人民共和国经济合同法》（已废止）等法律，以及会计准则、会计制度等相关规范。会计制度与会计准则是内部会计人员和上级行政单位进行重要性判断的基础，能够给会计人员提供一定方向，并通过一系列的保障措施促使会计人员做出更加客观的判断。

第二，随着经济的高速发展，行政单位提供的服务日益增多，复杂性逐步增大。日益烦琐复杂的活动为准确判断监督事项的重要性增加了一定的难度。行为越复杂，与其相关的行为越多，就越难判断监督事项的重要性。

第三，会计人员所掌握的专业知识以及累积的经验。专业知识是会计人员做出主观判断的重要前提，也是其最终得出正确判断的重要保障。会计人员具备良好的判别能力的必要前提是拥有合理的知识结构，这种合理的知识结构要求会计人员所掌握的知识既要有一定的深度又要有一定的广度。深度上，要求会计人员精通本专业的知识；广度上，要求会计人员对相关的经济、法律、管理等多方面的知识也要有所了解。同时，会计人员的经验能够形成与特定判断任务相关的知识，使相同或相似的经济事项得到更合理的"重要性"判断。

第五节 行政单位财会监督的内容

一、财政监督

（一）财政预算监督

预算是行政单位的财政收支计划，体现了行政单位集中性的财政分配关系，是行政单位实现其职能的重要工具。预算监督的核心是预算编制与执行的合理性、合法性和有效性。预算监督的内容主要有：预算的编制、预算的执行、预算的调整。

1. 对预算编制的监督

财政预算是有较强约束力的财政分配计划活动。市场经济条件下的财政预算，反映着行政单位的活动范围、活动内容和活动方式，必须在法律规定的范围内进行。因此，国家对预算编制的时间、范围和内容都有明确规定。

（1）预算编制法律依据的监督

财政预算编制相关的法律依据既有《中华人民共和国预算法》，也有与财政预算编制相关的法律条款，如规定中央公共预算（经常性预算）不列赤字，地方各级预算按照量入为出和收支平衡的原则编制，不列赤字。实施财政监督时，应核对编制的预算是否与有关法律的要求相一致。

（2）预算编制程序的监督

不同层次的财政预算编制程序有着规范的要求。我国中央部门预算的编制程序实行"两上两下"的程序。审查预算编制程序应该采取查阅预算编制的有关文件和"两上两下"的编制数据及其调整资料进行。

（3）预算编制方法的监督

财政改革要求部门预算的编制必须建立在科学的支出标准和预算定额基础上。实行零基预算应该核实人员编制与实有人员，确定正确的行政、事业正常经费定额，根据需要与可能的情况确定专项经费。

2. 预算执行情况的监督

财政预算经过本级人民代表大会批准后具有法律效力。对预算执行实行财政监督的主要内容包括：财政预算收入的完成；支出部门有无在科目之间随意调剂使用的情况；对财政赤字的原因进行剖析，是否突破批准的预算范围；列入预算的专款是否严格按照批准的程序与范围拨付；财政补贴是否拨付到位，有无拖欠挪用的情况；年度财政决算有无通过国库、收入征收单位等方面联手调整决算的类、款、项、目、节内容与数据的行为。

对行政事业性收费和罚没收入实行"收支两条线"管理，深化"收支两条线"管理改革，是加强综合预算管理、稳步推进财政改革、加快公共财政体制构建步伐的重要措施，是财政监督的重要内容。其具体包括：是否存在违规设立收费、罚款项目，擅自变更收费、罚没范围和标准，已明令取消或降低标准的收费项目继续收费，违反"收费许可证"规定实施收费，下达或变相下达罚款指标，违规使用票据，乱开银行账户，不按规定将财政性资金缴入国库或财政专户，截留、挪留、坐收坐支财政性收入，违反罚缴分离、票款分离、代收代缴规定，等等。

（二）财政收入监督

我国财政收入大致可分为税收收入、债务收入、国有权益收入、行政性收费与行政单位基金，以及其他财政性收入等。财政收入监督不能等同于收入征收机关或征收部门对收入的监管，是财政部门对税务征收机关和收缴财政性资金的部门征管质量的再监督。

1. 税收收入监督

税收收入监督是财政监督的组成部分。虽然税务部门有独立的监督体系，有专门的稽查机构，但财政部门对税收实施的监督是对税务征管质量的再监督，是对财税政策执行、税收征收管理质量和执法质量的监督。

2. 行政性收费和行政单位基金监督

行政性收费和行政单位基金是行政单位财政收入的重要组成部分，是行政单位为提供特定社会产品和服务，参与国民收入分配和再分配的一种特殊形式，与税收、经营性收费等收入有着本质的区别。行政性收费具有强制性、排他性、补偿性和非营利性的特点，其种类主要包括管理性收费（如企业注册登记费）、资源性收费（如矿产资源费）、证照性收费、检验检疫收费等。行政单位基金具有"强制性、非补偿性"的特点，其主要形式包括各种基金、附加和专项收费等，如随税收手段一并征收的教育费附加、农业税附加，并入价格范畴征收的基金（农村电网改造还贷资金、三峡工程建设基金等）等。

二、财务监督

行政单位财务监督涉及行政单位财务管理的各个方面，其主要内容如下：

（一）对单位预算管理的监督

对单位预算管理的监督，包括对单位的预算编制和预算执行的监督。对预算编制的监督内容主要包括：① 预算的编制是否符合国家有关方针政策和财务制度的规定，是否符合上级下达的行政工作任务的要求；② 收入预算是否完整、真实、准确可靠；③ 支出预算安排是否贯彻了保证重点、兼顾一般的方针，是否遵循了预算内外资金整合使用、统筹安排的原则，有无宽打窄用、留有缺口，是否贯彻了勤俭节约的方针；④ 预算的编制是否收支平衡、数字准确、内容完整、说明清楚，并按照规定的程序报批。

对预算执行的监督内容主要包括：① 收支预算是否按计划进度完成，收支预算进度是否与行政单位工作进度相适应；② 预算执行过程中所发生的调整是否符合国家的有关规定；③ 对预算执行情况是否符合规定进行分析，对发现的问题，是否及时地进行处理；④ 单位年度决算报告是否真实、完整、准确，各项收支是否按照规定列报，并及时报送主管部门和财政部门审核。

（二）对收入管理的监督

对收入管理的监督内容主要包括：① 各项收费是否按照国家规定的范围

和标准收取，有无擅自扩大或缩小收费范围，提高或降低收费标准，以及多收、乱收、错收、漏收等情况；② 应缴财政预算或财政专户的收入是否按照规定及时足额上缴，有无拖欠、挪用、截留、坐支等情况；③ 是否按照国家规定划清了各类收入的界限，并按照规定进行管理和核算；④ 各项应纳入单位预算的收入是否全部纳入了单位预算，有无账外账、"小金库"等问题。

（三）对支出管理的监督

对支出管理的监督内容主要包括：① 各项支出是否符合国家有关方针政策和财务制度的规定；② 是否按照预算规定的范围和内容办理各项开支，有无擅自扩大开支范围、提高开支标准，以及乱支、滥用、铺张浪费、挥霍国有资产、损公肥私、假公济私等情况；③ 是否按照国家规定划清了各项支出的界限；④ 购置列入行政单位采购的商品或服务，是否按照有关规定执行，有无弄虚作假、违章购买的现象。

（四）对资产管理的监督

对资产管理的监督内容主要包括：① 现金管理是否符合国家规定，有无随意借支、非法挪用、"白条"抵库或以各种方式套取现金，私设"小金库"的情况；② 各种存款是否按照国家规定开立账户，办理有关存款、取款和转账结算等业务；③ 应收款项是否及时、足额地得以回收；④ 预付款是否及时清理、结算，长期不清的是否查明了原因并进行及时处理；⑤ 库存材料和固定资产的购置、验收、进出库、保管、使用、清查盘点、报损、报废、转让等是否符合国家规定，账实是否相符，有无积压、浪费、损坏、丢失等现象，固定资产处置及取得的有关收入是否符合国家规定；⑥ 无形资产的取得与转让是否符合国家规定。

（五）对专用基金、项目支出的监督

对专用基金、项目资金的监督内容主要包括：① 专用基金是否按照规定的比例提取，是否做到先提后用、专款专用、量入为出，并专设账户进行管理；② 项目支出是否按照规定领拨，是否按照规定的项目和用途使用，绩效评价结果如何，有无截留挪用现象。

（六）对其他方面的监督

行政单位财务监督的内容很广泛，除以上内容外，还包括：① 单位内部的财务管理制度是否建立健全；② 有无挪用行政经费用于基本建设项目的情况；③ 有无擅自增加职工工资、津贴、补贴、福利，滥发实物等。

三、会计监督

（一）主体类会计监督

1. 审计监督
审计监督指国家审计机关监督。这里的审计机关指的是国务院审计署和县级以上地方人民行政单位审计厅局。审计机关对于单位的审计监督是以《中华人民共和国审计法》为依据的。

2. 税务监督
税务监督是以保护国家税收为核心目的的法律行为。

（二）时间类会计监督

在现行的行政事业单位会计监督中，采用的是事前监督、事中监督、事后监督相结合，日常监督与专项监督相结合的方式。

事前监督、事中监督和事后监督是按照会计监督时间的不同划分的。

1. 事前监督
事前监督是在预算的编制、审核和财务管理等活动开展之前，对有关预测、决策、措施、论证、合同等进行的，可以防止计划、预测和决策失误所导致的经济损失。目前所采用的主要是预算主管部门及财政、审计部门对单位预算报表编制过程和结果进行监督，在决策做出和经费实际支出之前，采取核定每一笔业务的合法性、合理性及程序性，与以往年度同期相比较等手段。

2. 事中监督
事中监督是在单位财务活动过程中所进行的一种日常监督，主要通过对财务收支和其他财务活动的审查、复核，监督单位在完成工作任务的过程中，财务事项处理得是否合理合法。

3. 事后监督

事后监督是对单位预算执行结果和各项财务管理活动结果所进行的监督，采取的手段主要是通过对会计报告、账簿、会计凭证的检查分析，以总结财务管理的经验，找出问题和薄弱环节，研究提出改进工作的意见和措施，建立健全各项制度，以达到提高财务管理水平的目的。

在日常工作中，这三种方式相辅相成，互相配合，是一个相互衔接的整体。它们共同作用，有机结合，对发挥会计监督的效果起到了很好的促进作用。但在一些单位里，往往存在重事后监督，轻事前、事中监督的情况。

（三）具体方式类会计监督

日常监督与专项监督是按照财务监督的具体方式划分的。

1. 日常监督

日常监督是单位财务活动实施过程中的常规性监督。比如，平时对各种物资、设备的保管、配备和使用情况检查等，日常监督通过对单位的各项财务活动进行随时的、经常性的监督检查，及时发现问题，保证行政单位正确执行预算及各项财务制度。

2. 专项监督

专项监督是非常规性的监督，是对行政事业单位某一项财务活动所进行的监督。比如，对某单位罚没收入管理情况的监督，对办公用房建设经费的监督等。专项监督的内容视财务管理的需要或针对管理中的薄弱环节及存在的问题而定，具有内容单一、针对性强的特点。通过专项监督，可以对单位的财务活动进行深入的检查，发现财务工作中存在的问题，有针对性地提出改进措施，提高财务管理工作的质量。日常监督和专项监督各有侧重，各具优势，在日常工作中，往往需要结合使用，才能发挥不同的功能和效果，实现监督的全覆盖。

第六节　行政单位财会监督的目标

任何工作在完成的过程中都有一定的目标。行政单位财会监督的目标是完成工作的导向，为日常监督工作提供一定的指引，基层行政单位财会监督的目标主要包括提高行政单位履职绩效及资金使用效率、提高会计信息披露质量、提高财政透明度。

基层行政单位良好的管理需要基层行政单位财会监督，其监督目标的实现能够更好地促进行政单位实现良好的管理，而这几个目标之间也有一定的联系，提高会计信息质量有利于提高行政单位履职绩效和资金使用效率，同时，也有利于增强财政透明度。基层行政单位财会监督包括以下内容：

一、提高基层行政单位会计信息的披露质量

行政单位会计信息是行政单位向社会公众提供的，反映行政单位财政资金运转的信息，它是分析和评价行政单位受托责任履行情况以及财政资金利用效率的重要信息。高质量的会计信息也是日常业务工作顺利开展的技术保障，是管理者、决策者做出正确决策的重要依据。在我国，随着民主社会的发展，社会公众的权利意识、法律意识和参与意识都明显增强。行政单位如何通过会计信息向社会公众提供真实、完整的会计信息，已成为人们日益关注的焦点。

由于行政单位会计有其自身的特殊性，因此，完善我国行政单位会计信息披露不能被看成一个简单的会计问题。在完善的过程中，既要考虑我国行政单位会计的发展水平、成熟程度，还要考虑我国的经济发展水平、政治经济体制以及社会文化环境。基层行政单位会计信息披露存在不及时、透明度低等现象，与群众对会计信息日益增多的需求不相符。高质量的会计信息披露需要以完善的行政单位财会监督体系作为保障，因此，基层行政单位财会监督的重要

目标之一就是通过全方位的监督提高基层行政单位会计信息披露的质量。

基层行政单位财会监督从对会计信息的真实可靠性、会计信息披露的及时性，以及是否满足会计信息使用者的需求三个方面进行监督，力求在完善的监督体系下发挥监督的作用，达到提高会计信息质量的目标，以使信息使用者更好地做出决策，更好地促进社会发展，建设服务型行政单位。

二、提高基层行政单位的财政透明度

财政透明度这一概念，是指对社会大众最大限度地公开与行政单位有关的构成部分以及各部分的相关分工职能、所制定相关政策的意向、行政单位部门账户的有关情况，而且所公布的信息应当真实可靠、完整并具有时效性，以便社会大众和相关企业能够根据行政单位所公布的信息，对行政单位的财政情况进行详细的了解，提高对行政单位的信任度。

财政透明度的提高有利于行政单位的治理，同时也有利于解决大众难以评价行政单位绩效的问题。通过提高财政透明度，能够使群众看到行政单位的努力及取得的成果，从而更加信任行政单位。在财政透明度较高的情况下，行政单位自身会不断努力并将这些努力的结果反映到绩效上，也会提高行政单位工作人员的积极性，增强他们工作的动力。因此，提高财政透明度有利于改善行政单位工作效率低下的情况，并在一定程度上缓解甚至解除社会大众对行政单位的信任危机。

提高财政透明度是财政工作的关键，而财政工作则是实现宏观经济稳定和高质量的增长的关键，因此，提高财政透明度十分重要。基层行政单位财会监督是提高基层行政单位财政透明度的有效途径之一，通过基层行政单位财会监督，能够使行政单位公布的财政信息更加真实完整，满足社会公众在财政方面的信息需求，使群众对行政单位的财政取得以及去向状况有很好的了解，行政单位也能够不断提高自身的公信力。因此，基层行政单位在实施财会监督过程中应当始终坚持这一目标，建立完善的资金监督体系，增强财政透明度，为提高行政单位的履职效率和资金使用效率以及提高会计信息披露质量作保障。

三、提高行政单位履职绩效及资金使用效率

随着社会的不断进步，行政单位履职绩效的提高越来越被广大社会公众及行政单位自身所重视，它是各种公共管理改革追求的目标之一，也是行政单位更好地履行其自身职责的基本要求。提高行政单位履职绩效有利于行政单位更好地运用人民赋予的权力，为人民谋实事，维护群众的根本利益，真正做到权为民所用、情为民所系、利为民所谋。行政单位在履行职责的过程中必然要使用资金，基层行政单位也不例外，资金的使用效率也同样备受关注，高效率地使用资金能够使行政单位将资金花在刀刃上，更好地为人民提供公共服务，因此，资金使用效率的提高在一定程度上也代表了行政单位履职绩效的提高。然而，由于我国在体制以及其他方面存在需要改进的地方，履职绩效和资金使用效率不高一直是困扰相关人员的问题。

现阶段，对行政单位绩效的评价大多使用美国学者芬维克提出的"3E"评价体系，其中的 3E 是指效果性（Effectiveness）、效率性（Efficiency）、经济性（Economy）。在这个体系中主要考察四个基本要素——成本、投入、产出、成果。

要提高行政单位的履职绩效和资金使用效率，可以从效果性、效率性及经济性三方面入手。在这个过程中，通过良好的基层行政单位财会监督能够对成本和投入的合理性、投入和产出的效率性，以及所产生的成果、群众是否满意等方面进行全方位的监督，减少违法违规现象，促进资金的合理运用，增强行政单位履职的责任感，提高资金的使用效率和行政单位的履职绩效，达到监督的目标。

第三章　行政单位财会监督现状与精细化方法

第一节　内部财会监督现状

基层行政单位会计监督的内部监督主体主要是内部会计人员。随着我国行政单位会计改革的不断深化，基层行政单位内部监督得到了很大的改善，内部人员的监督力量在不断增强，基层行政单位的行为得到了较好的监督和规范，会计信息披露质量也有了很大的提升，行政单位在各个方面的履职绩效都得到了较高的提升。虽然基层行政单位内部监督在很多方面都有了很大的改善，但还存在一些不容乐观的情况。

一、会计人员的执业水平有限，监督行为受到一定的制约

现阶段，在基层人事单位，尤其是乡镇行政单位中，工作人员的入职门槛往往较低。有的会计人员理论知识储备不足，在工作中出现差错的频率较高；有的虽然具有一定的业务水平，但由于环境的限制，缺乏相应的继续教育学习，对很多更新的法律法规吃不透，运用不规范，这就造成了基层行政单位会计人员存在整体执业水平有限的情况。在这种水平的限制下，有的会计人员对

领导交代的事情缺乏相应的监督。监督不完善、普法不到位等，使基层行政单位会计人员法律意识淡薄，无法发挥相应的监督作用。

基层行政单位是代表国家权力、管理基层单位事务的机构，基层行政单位会计工作人员的工作需要按照相关政策和相关财经法律法规进行，具有一定的非市场性。基层会计工作人员在工作过程中需要对各项行政单位资金的筹集、分配以及使用效益进行监督和控制。但在监督的过程中，由于受传统观念的影响，会计工作人员存在着盲目跟从的现象；而基层领导在将自身权力放大的思想意识的 支配下，也存在着无论大事还是小事都由基层领导决定的情况，并且，存在着部分会计工作人员虽然对一些违法违规行为非常清楚，但由于是领导交代办理的事情而违心办理的现象。

二、对违规现象的处罚力度不够，成本效益率较低

监督作为一种权利，经常需要与奖惩相结合。通过奖惩，能够对违规现象起到威慑、警示教育的作用，提高工作人员违规的成本，从而减少违规现象的发生。然而，在基层行政单位的日常工作中，若对违规人员的处罚力度不够，有时只给予其一定的教育，而这种简单的教育不能使当事人认识到问题的严重性，也很难对其他人员起到威慑警示的作用。重大违法违规行为的背后一定包含着无数次较小的违规行为，因此，当在日常工作中对违规现象的处罚力度不够时，就不能起到防微杜渐的作用，不能给予当事人深刻的教育，也无法使其在以后的工作中更加注意自己的行为。低处罚力度使得违规成本较低，违规现象发生的频率较高。

日常监督需要花费一定的成本，需要投入一定的物力、财力，这些在监督过程中都需要予以考虑。要注重成本效益原则，成本的花费要与其收益相平衡。在基层行政单位会计监督的过程中，由于各方面条件的限制，不可能对每项监督事项都投入相同的精力、物力、财力，而基层行政单位仍然存在以下两种成本与效益不平衡的现象：一是对一些监督事项投入过多的成本，得到的效益却比较少；二是对那些本应投入较多成本的事项却投入得较少，导致监督效益不高。正是由于这种不合理的分配，使得基层行政单位监督成本效益率较低的现象比较突出。

第二节　外部财会监督现状

随着我国经济的不断发展，国家大力实施各项惠民政策，促进基层的发展，力争缩小城乡差距，基层行政单位的各项工作也备受关注。现阶段，虽然在各种改革方案的不断实施下，基层行政单位取得了一定的成就，但仍然有较多不完善的地方。社会公众和上级行政单位对基层行政单位的外部监督的现实情况不容乐观，群众获取会计信息的需求得不到满足、监督力量相对较弱等问题仍然较为突出。而要想解决这些问题，就要先对基层行政单位会计监督的现状有一定的了解，只有这样才能有针对性地提出措施，对症下药。笔者通过一定的调查，对基层行政单位外部会计监督的现状进行了如下总结：

一、社会公众财会监督的现状

社会公众作为外部监督的重要力量，发挥好其监督作用有利于完善基层行政单位的监督体系，使行政单位更加高效地完成工作，更好地为人民服务。在了解了社会公众的会计监督方面的现状后，笔者参考了相关研究者的部分实地调研数据。相关研究者通过向山东省十七个地市的部分乡镇（主要包括烟台海阳市徐家店镇及发城镇、泰安新泰市汶南镇、德州乐陵市朱集镇、济宁微山县韩庄镇、潍坊安丘景芝镇、东营垦利区永安镇、菏泽东明县东明集镇等）的村民发放了 714 份调查问卷，收回 714 份，其中，有效问卷为 667 份，有效回收率为 93.4%，问卷内容主要分为乡镇、村委会两个层次及填写人员的基本信息，每一个层次分别包含 29 个问题，这些问题包括外部会计监督主体的监督意愿（4 个问题）、会计信息披露及会计监督的现状（20 个问题）、会计信息需求的内容和方式（5 个问题），填写人员的基本信息包括 4 个问题，整个调查问卷总共有 62 个问题，主要以客观题的形式组成。问卷设计完成之后，先运用 SPSS 软件对调查问卷的可靠性和有效性进行了分析，该信度检验的原理是用克伦巴赫（Cronbach）公式计算 α 系数来估计问卷问题设置的内部一致性。

信度系数用来表明问卷可信度的高低，统计学者认为一份比较好的问卷的信度系数应该在 0.80 以上，本次问卷的 Cronbach's alpha 值为 0.847，项数为 62，说明本次问卷信度检验一共涉及 62 个问题项目，结果大于 0.80 说明这个问卷的可靠性较强，与现实拟合度比较高，可以比较充分地反映现实状况。

（一）社会公众了解会计信息的意愿非常强烈

通过对调查问卷中社会公众对了解乡镇行政单位会计信息的意愿的数据进行整理汇总，可以发现，现阶段，社会公众了解乡镇行政单位的会计信息的意愿比较强烈，非常希望了解乡镇行政单位的会计信息的人员所占比例约为61%。经济的持续高速发展，使基层社会公众的生活有了很大的改善，人们的文化水平伴随着生活的改善也有了很大的提升，基层社会公众不再只关注物质生活，而是对生活的各个方面都提出了更高的要求。而对于基层行政单位的履职情况，社会公众的参与意识越来越强烈，对基层行政单位的监督意愿也越来越强烈。

（二）监督所需信息的满足度不高

高质量的会计信息披露应该能够满足信息使用者的需求。通过总结问卷信息能够发现，我国基层行政单位的会计信息披露能够完全满足社会公众的信息需求的情况占比较低，仅为 9.2%；基本能满足的比例较高，达到 53.2%，这说明我国基层行政单位在会计信息披露方面取得了一定的成就。但同时我们也应该注意到，还有相当一部分情况是较难满足和根本不能满足社会公众的信息需求，所占比例为 36.7%，这也说明我国基层行政单位在信息披露方面还有一定的不足之处，还需要继续完善，以便为信息使用者提供更高质量的会计信息，以满足会计信息使用者的需求。本书运用 SPSS 相关性分析法，分析"获取信息方式是否满意""获取信息是否方便"两个因素对社会公众获取会计信息满足度的影响。从分析结果可以看出，两个因素都通过了 5% 的显著性检验，它们的相关系数分别为 0.429＞ 0，0.583 ＞ 0，说明这两个因素都与满足社会公众的信息需求呈正相关。

（三）主动进行会计监督的意愿不高

通过总结问卷结果可以看出，社会公众对获取会计信息的意愿比较强烈，但在获取会计信息后会主动进行会计监督的公众所占比例不高，仅为34%。这在一定程度上反映了现阶段我国大部分基层社会公众在获取会计信息后主动进行监督的意识较弱。要加强基层行政单位会计的外部监督，就必须调动社会公众主动进行会计监督的积极性，因此，我们要找出影响社会公众主动进行会计监督的因素，为提高外部会计监督效果提供解决对策。

通过数据筛选可知，只有年龄这一因素通过了5%的显著性检验（0.011＜0.05），说明年龄对主动监督意愿具有显著的影响。由系数可以看出，−0.22＜0，符合预期作用假设，说明年龄越大，其主动监督的意愿越弱。不同的群体有着不同的监督意愿，这为完善外部监督、增强外部监督力量提供了一定的参考。同时，通过调查数据还可以得出，学历和职务没有通过显著性检验，说明其对监督意愿的影响不是很明显，但学历系数0.017＞0，职务系数0.018＞0，在预期作用上符合预期正向作用假设，这说明学历和职务在一定程度上也对主动监督意愿有正向影响。

（四）监督方式比较单一

通过对相关数据进行统计处理发现，基层社会公众对进行会计监督方式的选择上大多比较集中，不够多元化。

统计数据能够直观地显示出，社会公众作为基层行政单位会计监督的重要外部力量之一，其监督的方式主要集中在直接向相关领导反映、向媒体披露和向纪检部门反映上，这说明我国的媒体和纪检部门在对基层行政单位的监督方面取得了很大的成就，但也从一定程度上反映出我国社会公众的监督方式不够多元化。而出现这种情况的原因主要有两个方面：

一方面，随着经济的高速发展，媒体在监督中的作用越来越受到关注，很多在监督中发现的问题，媒体都能在第一时间进行报道，跟踪报道的形式也使社会公众对事情的发展情况能有及时的了解。而且，越来越多的媒体深入基层，听取基层群众的心声，并对相关问题进行及时报道，在舆论的压力下，社会公众反映的问题往往能够得到及时的解决。因此，在监督过程中向媒体披露的方式备受社会公众青睐。另一方面，社会公众在向上级反映问题时，程序往往比较烦琐，所花费的时间也比较长，一些较小的问题，很容易被上级部门忽略，因而，社会公众反映的很多问题得不到及时的解决，这使这种监督方式慢慢淡出了社会公众监督方式的选择范围。相比较而言，将发现的问题直接反映给相关领导，能够缩短处理时间，使问题能被及时、有效地处理。这些因素的存在，造成了社会公众的监督方式不够多元化的现状。

二、会计信息需求的内容

现阶段，社会公众对基层行政单位的会计信息内容需求主要有：公共基础设施的种类、数量，资产使用情况，与资金有关的会计信息等。通过对相关数据进行统计处理发现，在上文提到的 667 份有效调查问卷中，想要了解公共基础设施的种类、数量方面信息的群众所占的比例约为 16%，想要了解资产使用情况方面信息的群众约占 50%，而想要了解与资金有关的会计信息的群众占比则高达 90%。可见，社会公众最想了解的会计信息主要集中在资金方面。资金是行政单位在日常运行中必不可少的部分，我国财政资金主要来源于税收，而税收则是取之于民的，因此，社会公众对资金方面的信息需求最强烈。虽然改革开放以来，我国在提高财政透明度方面取得了很多成就，但仍然不能完全满足公众对资金方面的信息需求，因此，在此方面的信息披露度还有待提升。

三、上级行政单位财会监督的方式

上级行政单位作为基层行政单位会计监督中重要的外部监督力量，发挥着十分重要的作用。上级行政单位加强对下级的监督有利于下级更好地按照规则办事，规范自身的行为，降低出错率，提高办事效率。然而，基层行政单位的上级领导部门在对下级进行监督时，所采取的监督方式主要是传统的下级对上级的成果汇报和上级对下级定期的检查。这使得上级行政单位的监督方式比较单一，容易造成基层行政单位出现弄虚作假的情况。而且，上级定期对下级进行检查的方式容易使下级只做表面工作来应付检查，无法发挥相应的监督作用。

第三节　优化财会监督方法

一、提升财会信息化建设水平

　　良好的监督条件是内部监督和外部监督充分发挥作用的重要保障。基层行政单位财会监督还存在着执法力度不够、成本效益率较低、不能有效满足外部社会公众的监督意愿、主动监督意愿不高，以及监督方式较为单一等问题，而产生这些问题的主要原因在于基层行政单位的信息化水平不高、执法效率不高，监督渠道不够畅通使公众的监督权力无法充分地发挥，监督方式的单一化使监督作用无法达到预期的效果等，这也从一定程度上反映了基层行政单位在监督条件方面还有待完善。良好的监督条件有利于提高内部监督人员的监督效率，解决成本效益率较低的问题；有利于调动公众的监督积极性，充分发挥外部的监督力量；有利于畅通外部社会公众的监督渠道，使外部社会公众的监督意愿能够得到更好的满足；有利于丰富监督方式，使监督形式更加多样化。因此，在完善基层行政单位财会监督中，要注重对监督条件的改善。

　　基层行政单位信息化建设的主要目标是，通过计算机技术使行政单位机构之间更加紧密地结合，消除行政单位部门之间的界限，改变以往的逐层书面审核的方式，丰富社会公众获取信息的渠道，使得行政单位各部门之间、行政单位与社会公众之间能够通过网络进行交流，同时增加对社会公众提供服务的种类。运用计算机技术，能够在内部监督主体与外部监督主体之间构建一个会计信息共享平台，摆脱传统、落后的信息交流方式，提高会计信息披露的质量和及时性。基层行政单位提高信息化建设水平，可以从以下几个方面入手：

（一）制定信息标准，采用信息化财务软件

现阶段，社会公众对基层行政单位的信息需求愈来愈强烈，但社会公众很难监督基层行政单位对经费的使用情况，如会议费用、公务车辆使用等方面。要想解决这一问题，首先需要建立统一的监督标准，然后再使用相同的信息化软件，这样能够在很大程度上减少人为模糊以及人情关系的影响。信息化具有客观性、标准性和高效性，是在财会监督过程中能够运用的有效手段，也能够在考核中提供一定的标准，更好地提高资金的使用效率。

（二）启动网络传输工程，夯实财会信息化基础

在提高基层行政单位财会监督信息化水平的过程中，一方面，要使各项监督信息和情况能够通过网络进行公开和传送，实现真正的信息共享；另一方面，要积极建设重要的应用项目，如视频会议等，以提高监督效益。而实施网络办公和网络传输的最终目的是实现在线服务，从而提高行政单位的办事效率、履职绩效，同时，也有利于快捷、便利地实施监督，提高监督效益。目前，为实现基层行政单位在线服务，应注重三方面内容：首先，上级行政单位要充分发挥对基层行政单位上网工程的指导作用，指引基层行政单位甄别哪些会计信息需要披露、哪些会计信息不能披露，要认真研究、充分考虑社会公众的需求。其次，要适时与社会公众进行沟通，为群众提供互相交流的渠道，以便于社会公众进行监督。最后，尽量实施网上办事。基层行政单位要积极研究，为实现网上办事创造条件，增加办事流程的透明度，为更好地实施监督奠定基础。

（三）加大财务软件的使用培训力度

对于新实施的软件和系统，很多工作人员可能会感到不习惯，操作不顺利。这就要求基层行政单位加强对基层会计人员的培训力度，只有他们真正了解、掌握了新软件和系统，才能很好地发挥软件和系统应有的作用。可以先选择一些技术骨干进行培训，使他们先掌握必要的技能，然后再让他们教会其他人员。这样既可以减少相关成本，又可以使相关人员尽快掌握软件系统的操作使用方法。

（四）引进信息技术人才

要想提高信息化建设水平，摆脱传统的手工方式，关键是要解决技术问题和人才问题。在基层行政单位财会监督体系中，大多数是会计、财务管理人才，因此，还必须引进计算机高技术人才。而在引进这方面人才的过程中，较高的薪酬以及较好的福利待遇是必须具备的条件，这就要求基层行政单位要增加对这方面的投入，为人才提供生存保障。

（五）构建数字化智能化财会监督体系

1. 智能财会监督体系的提出

财会监督是会计的基本职能之一，财会监督职能的发挥有赖于智能财会监督体系的构建。体系泛指"若干有关事物或思想意识互相联系而构成的一个整体"，智能财会监督体系是指在智能化环境下，为实现智能财会监督目标和功能，由监督要素所构建的宏微观一体化的财会监督运行机制，包括如下要素：构建目标、监督主体、监督客体、监督对象、智能监督业务循环、映射各要素关系的智能监督逻辑模型和支撑体系运行的智能监督物理模型。

2. 智能财会监督体系的要素分析

（1）构建目标

智能财会监督体系是基于智能化环境论提出的数字化时代财会监督的新模式，是智能化环境下财会监督职能发挥作用的运行机制，因此，其构建目标是在智能技术支撑下实现财会监督的目标、内涵和功效。智能财会监督体系的构建和应用为经济活动的健康运行提供保障，为财会监督和财会治理提供方法论支撑。

（2）监督主体、监督客体和监督对象

第一，监督主体。智能财会监督体系的监督主体是指财会监督活动的具体实施者，一切有权对财会活动施加影响的组织和人员都属于财会监督主体。财会监督主体在微观层面包括各级各类行政机关、事业单位、企业、社会组织等基层组织及其管理者和员工，在中观层面包括财会监督机构、中介组织、潜在投资人、协作伙伴等，在宏观层面包括行业和各级行政单位财会监督部门。

第二，监督客体。智能财会监督体系的监督客体是指财会监督活动的具体承受者。一体化财会监督体系的监督客体包括各类财会组织、人员和智能财会行为。

第三，监督对象。智能财会监督体系的监督对象是宏、微观经济活动，是基于价值管理视角对基层组织宏、微观经济活动的监督和管理。

（3）业务循环

智能财会监督体系的业务循环，是指在智能化环境下实现财会监督一体化的业务流程。建立"微观业务流程—微观、中观价值流动—宏观政策反馈及影响—宏观政策制定与执行"的"监督—反馈"业务循环，实现微观、中观与宏观监督的有效协同。

智能财会监督体系的业务循环构建了微观、中观、宏观一体化监督的循环模型。微观监督主要体现为对会计主体的监督。通过对会计准则、会计法规、内部控制、管理制度等的遵循检查和验证，实现对股东、管理层、员工层面价值活动的监督，监督的方法主要体现在事前预算、事中控制和事后评价三方面，基于会计信息系统构建 ISCA 模型，实现核算、管理和审计一体化，支持基本的财会监督活动。

中观监督主要体现为价值链、资本市场、财会监督机构及会计主体之间的监督活动。随着业务流程的扩展和业财融合进程的加速，信息系统应用的空间范围逐步向价值链、中介、行政单位财会监督层面扩展。价值链上的基层组织通过信息交互等方式实现监督行为，典型应用包括大型企业集团统一财会监督系统、建设财务共享中心等。财会监督机构通过对会计主体的输入、输出信息的捕获及异常的发现进行风险控制，典型应用包括金税三期对基层组织经营活动的财会监督、国资部门推行的穿透式财会监督等。

宏观监督主要体现为对产业政策、宏观经济指标、税收财政、公共支出等方面的监督活动。典型应用如加总会计信息对资本市场的影响、"双碳"目标下的碳排放财会监督、行政单位预算管理一体化应用等。

（4）逻辑模型

智能财会监督体系的逻辑模型是实施财会监督的功能需求，智能财会监督体系的处理对象是财会监督活动，监督活动发生在参与角色之间。本书基于人工智能系统，构建逻辑模型使用的"角色—活动—功能"抽象方法。

从参与财会监督的角色分析，智能财会监督体系实现了对各层级角色的联结和协同。在微观层面，基于委托代理关系，形成了股东、管理层、员工的监督关系；在中观层面，财会监督机构、潜在投资人和协作伙伴基于价值最大化目标实施监督；在宏观层面，行政单位部门和行业监督者基于公共价值目标开展监督。

从角色执行的活动角度分析，智能财会监督体系遵循了基于控制论的智能软件自适应控制循环 MAPE（Monitor–Analyze–Plan–Execute Control Loop）模型，构建了从行为感知、数据捕获，到动态分析、风险评估，再到决策和执行的闭环控制。

从执行活动的各项功能角度分析，智能财会监督体系的逻辑模型涵盖了宏、微观监督的各项功能，实现了宏观、微观一体化的财会监督。

（5）物理模型

智能财会监督体系的物理模型描述了形成智能财会监督体系的各物理部件及它们之间的相互关系，包括智能化基础设施、智能财会监督资源库、智能监督行为、数据安全与法律法规、财会监督政策等。

智能化基础设施提供开展智能财会监督活动的运行环境，包括云计算、大数据、物联网等基础设施；智能财会监督资源库则是财会监督活动中抽象形成的各类方法、模型、算法、案例、特征的集合，是支持智能财会监督运行的知识和方法集。智能监督行为是基于智能化环境，由角色产生的具体监督活动，它们在智能引擎的帮助下，与监督者进行沟通和协同，完成从行为感知到监督反馈的全过程。

3. 智能财会监督体系下财会监督的模式变革

智能财会监督体系的实施从驱动模式、监督流程、财会监督方式等多个维度，为财会监督带来变革。

（1）实现事项驱动向行为驱动的转变

事项驱动，是指在传统财会监督中，监督的对象是交易、业务和事项等，通过对交易事项的监测和控制实施监督活动。这种监督模式难免存在财会监督漏洞。在智能财会监督体系下，基于 MAPE 模型，智能资源空间的数据资源和数字化业务流程均可作为行为被智能感知、捕获，基层组织的数据和业务行为得到了最大程度的共享与共治，形成了行为驱动监督的新模式。该模式可以保证基层组织基础数据的一致性，为基层组织内部监督与行政单位部门外部监督提供完整、真实的会计信息，从根本上遏制多套账簿和报表的财务舞弊行为，避免不同财会监督部门间存在的利用"数据烟囱"的套利行为，为财会监督提供可信、可靠的数据支撑。同时，对数据与业务行为进行实时动态感知、财会监督，可以避免财会监督少量样本抽查导致的监督片面和漏洞，拓展了财会监督的广度和深度。

（2）实现事前、事中和事后全流程监督

事前、事中和事后全流程监督，是指在智能化环境下利用大数据和人工智能技术，实现财务管理、会计核算、会计信息披露等业务在事前预算、预警，事中跟踪、控制，事后反馈、评价的全流程监控。利用信息化手段对预算编制、合同会签、原始凭证审核、记账凭证检查、银行对账、重大事项审批等开展事前、事中监督，通过模式识别、模拟推演开展风险量化、智能预警，有效预判风险点，辅助科学决策。从技术上保证财会监督全流程的开展，使财会监督由事后、专项财会监督向常态化、日常财会监督转变。

（3）实现微观、中观和宏观一体化监督

基于"角色—活动—功能"视角的逻辑模型，智能财会监督体系涵盖了微观、中观、宏观监督的各项功能，实现了财会监督的宏微观一体化。智能财会监督体系可以弥补传统财会监督在微观、中观与宏观三个层面上的协调不畅、效用延时等不足，实现微观、中观和宏观监督的动态融合。对于微观经济活动中的异常现象，可以做到实时监测，并评估其对宏观经济秩序的影响程度，做出科学、合理的判断；宏观财会监督可以借助智能系统实现直达微观主体的贯彻和落实，有效保证上下贯通一致，为宏微观决策提供场景全息信息和细粒度管理支撑。

（4）有效提高财会监督的效率和质量

在大数据时代，财会监督信息的数据体量呈指数级增长，以人力为主导的传统监督方式越发难以应对基层组织的复杂数据与流程，抽样式财会监督带来的漏洞问题难以避免。深度学习等认知层次的人工智能技术在智能财会监督的应用，可以有效建立由智能机器和人类专家共同组成的智能化人机协同体。通过深度学习基层组织的内部业务数据和外部社会数据，可以有效掌握不同基层组织间的潜在联系，弥补人工分析的缺陷，因此，人机协同的监督模式可以极大地提高财会监督的效率和质量。

4. 深化智能财会监督体系建设的对策

智能化环境为财会监督的实施带来了新动力，深化智能财会监督体系建设是完善监督体系的重要举措，也是实现国家治理体系和治理能力现代化的内在要求。应建立健全会计法律制度体系，打通单位内外部财会监督衔接渠道，建立健全财会监督合作机制，实现财会监督与其他监督有机贯通、协同发力。因此，应继续推进法律法规建设和制度落实，强化主体责任，提升数据资源治理效能，统一数据标准，打造财会监督共享平台，深化智能财会监督体系的建设。

（1）加强智能财会监督法律法规建设，强化治理主体的责任

当前，财会监督的主体较多，各监督主体依据各自法律法规进行监督活动。会计工作的主管单位是各级财政部门，从法律法规上看，财政部门具有财政、财务和财会监督权，因此，应由财政部门牵头，协调其他财会监督部门开展财政监督、财务监督和财会监督工作。财会监督法律法规分散于行政单位中的各财会监督部门，不利于财会监督工作的统筹与协调。建议统筹推进财会监督法律法规体系建设，明确监督主体的责任，加强财会监督工作的分工协作。财政部门应发挥纽带作用，厘清财会监督过程中各主体的角色定位，强化不同财会监督主体间的分工合作，建立财会监督协调机制，疏通监督体系中的不畅环节，提升监督体系的整体效率。由财政部门联系审计、国资、银保监、证监、税务等部门展开联合检查，可以避免在财会监督过程中出现各部门"九龙治水"的局面，节约财会监督资源，提升工作效率，形成监督合力。

（2）摸清数据家底，提升数据资源治理效能

应充分利用大数据、云计算和人工智能等信息技术，在智能财会监督体系下将财会监督工作与智能化工具深度结合，充分挖掘基层组织内部和外部结构化与非结构化的数据，形成数据资产，摸清数据家底，进一步提升数据资源治理效能。继续加大财会监督数据挖掘力度，拓宽数据采集范围，实现财会监督数据采集全覆盖，夯实数据采集基础。在全方位捕获数据的基础上，依据各类数据资源的自然特征、业务特征、使用特征，分门别类地建立数据资源治理标准，匹配相应的数据分析模型，形成"让数据说话、让数据决策、让数据监督"的治理机制，更好地反映被监督对象的行为实质。

（3）统一数据报送标准，打造财会监督数据共享平台

标准化上报数据信息是有效开展财会监督的基础。应建立标准化财会监督

流程，规范会计核算、财务报告编制、会计制度执行等流程，杜绝财务舞弊行为，提供监督主体可用、社会广泛认可、与国际标准接轨的有效会计信息。在会计信息标准化的基础上，打造财会监督数据共享平台，充分利用有效的会计信息，形成在不同时期、不同主体、不同应用场景之间的，具有一致性、可比性的智能报告，确保不同职能部门依法获取规范统一的财会信息，保证监督部门在对基层组织的经济行为实施监督检查时，掌握标准化的数据信息，促进财会监督的有效开展。同时，通过监督共享平台，实现不同财会监督单位监督结果的互联互通。一方面，重点监督问题基层组织，加强事前风险防范；另一方面，避免财会监督的重复，堵塞财会监督漏洞，节约财会监督资源，提高财会监督效能。

（4）加强网络安全建设，切实保障数据安全

数据安全是数据共享和数据治理的前提。在安全技术层面，随着数字新基建国产化的不断发展，通过建设自主知识产权的信息基础设施，构建健全的安全防护体系，确保财会监督数据和基层组织数据在各监督主体之间流动过程中的隐私安全。在数据融通层面，依托智能技术确保数据来源可查、去向可追，保证数据在流转过程中路径清晰，数据归属部门和共享部门权责明确，形成持续、可信的数据共享交换和监督机制，切实保障数据安全。

智能财会监督体系是基于智能化环境论提出的财会监督新模式，在高质量的发展背景下，财会监督被赋予了新内涵。从监督范围上看，智能财会监督体系构建了纵向到底、横向到边的全覆盖监督，围绕财经政策法规，实现了从微观到宏观的纵向一体化财会监督；围绕价值链活动，实现了对微观经济活动横向一体化的全流程监督。从监督方法上看，智能财会监督体系克服了事后监督、静态监督、按照线索监督的缺点，并借助智能化方法构建了基于 MAPE 模型的闭环自适应、自学习财会监督体系。从监督内容上看，智能财会监督体系实现了从合规遵从向价值监督的扩展。更重要的是，智能财会监督体系实现了监督行为的协同与共享，将分散、单一、低效的财会监督整合为系统、共享、高效的监督体系，并与其他监督体系相互融合、相互支撑，在各自的领域发挥作用，各层级监督主体、监督客体、监督对象相互联结，通过对监督能力的整合，实现系统监督、动态监督、全方位监督，从而更好地实现财会监督目标，保障经济的健康运行。智能财会监督体系的构建是一个社会化的系统工程，需

要进一步研究其形成原理、运行机制，加强制度建设，打造开放、共享、标准的财会监督平台。

二、提高执法效率

基层行政单位财会监督工作在实施过程中应该积极响应国家政策，按照建设社会主义和谐社会的要求，以我国在宏观调控方面的目标和工作任务为中心，紧紧围绕社会公众最关心的重、难点问题，加大监督力度，对那些检查出的不法行为，给予严厉的惩罚。但是，在监督过程中，要时刻遵循成本效益性原则，将精力、财力、物力"花到点子上"，提高行政单位的履职绩效。

基层行政单位财会监督取得的效益主要体现在监督目标的实现程度上，具体包括是否提高了行政单位履职绩效和资金使用效率、是否提高了会计信息披露质量、是否提高了基层行政单位财政透明度等。而基层行政单位财会监督的成本主要包括其花费的人力、物力、财力等。在实际工作中，并不是投入的成本越多收益就越高，要对监督事项进行一系列详细的评估，并进行分类，不能不分具体情况地统一投入相同的成本。在日常监督过程中，可以指定专门分析人员，通过分析将监督事项划分为次要、重要和非常重要三种类型。然后根据分析的结果，对次要的事项投入较少的成本，对重要的事项投入较多的成本，将主要精力、物力、财力用在那些非常重要、容易出现违规行为以及影响较大的事项上。同时，也应注意到社会公众监督作用的有效发挥能够有力地降低内部监督以及上级行政单位监督的成本，因此，在提高成本效益率的过程中，也可以通过保障社会公众监督作用充分发挥的途径来降低监督的成本，从而提高成本效益率。

在注重成本效益的原则下，还应当针对监督查出的违法违规行为，加大执法力度。加大执法力度能够给予违规者以深刻的教训，同时给其他人敲响警钟，减少重复监督的成本。尤其是对那些违反职业道德的人员，更要加大执法力度，使其严格遵守职业规范。个别文件对从事会计行业的人员的要求更加严格，会计人员如有提供虚假财务报告、制作假账等行为，将被依法追究刑事责任，这部分人员此后不得再取得会计从业资格。此外，对那些因违法违规而被吊销会计从业资格证书的会计人员，5年内不得重新取得证书。规范文件更加体现了具体性、严厉性，这是以前的法律所不能比拟的。严格的法律制约，能够增强会计人员在工作中的责任感，提高其职业道德素养。良好的职业道德素养是良好职业行为的基础，有利于规范会计人员的行为，降低监督成本，提高监督效益。

三、构建财会举报制度

社会公众的监督力量是外部监督力量中最为重要的一部分，发挥好社会公众的监督作用，有利于使基层行政单位财会监督体系更加完善，监督效果更加突出。健全信访举报制度，有利于拓宽社会公众的监督渠道，增加其监督的手段，使其更好地发挥监督力量。而基层行政单位的监督渠道还存在一定的不足之处，社会公众在获取会计信息后无法发挥监督作用，从而导致社会公众主动监督的意识较弱。很多基层行政单位没有对基层行政单位财会监督给予高度的重视，在社会公众的监督渠道建设方面有所欠缺，很多社会公众自一开始就没有发挥自身监督权力的渠道，因而也无法形成获取信息后主动监督的意识。针对此方面，可以从以下几点进行改善：

第一，在维护好传统举报制度的同时，建立网络一键举报制度。基层行政单位要继续发挥传统举报平台的作用，指定专人负责接听相关举报电话，对群众所举报的问题要进行详细记录，并及时反映给处理问题的人员。对待社会公众的举报来信要认真仔细阅读，确保对来信内容有全面的了解，切实记录群众所举报的问题，为解决相关问题提供保障。与此同时，建立一键举报制度，使举报更加简单快捷，节省时间成本和经济成本，使监督工作能够更好地开展。

第二，及时公开对举报事件的处理进度及结果。基层行政单位应当及时公开对举报事件的处理过程和结果，主动接受社会公众的监督。对于公开的内容，应该加强细化程度，让群众能够切实了解事件的动向，减少违法违规行为，切实为群众办事。

第三，对于有突出、有重点的监督事项，力争就地解决。真正解决对群众有利益损害的问题，是社会大众所热切期待的，也是基层行政单位回应社会所关心的问题的良好措施，是举报制度建立的根本出发点和落脚点。基层行政单位在日常工作中，务必要从社会公众满意度最低的地方抓起，从社会公众最希望解决的事情做起。严重侵害群众根本利益的事件往往发生在基层，受损害的往往是老百姓的利益，因此，深入基层是解决问题的关键。要充分运用举报制度，发挥群众的监督力量，重点处理、重点监督群众所反映的问题，力争就地解决，以使基层行政单位会计行为在社会大众的严密监督下进行。杜绝侵害老百姓利益行为的发生，切实解决好与群众利益密切相关的问题。对于一些情况比较复杂，一时调查不清、解决不了的问题，要及时向社会公众说明情况，并定期对事件的处理进度进行公布，提高基层行政单位的公信力，增强群众对行政单位的信任度。

四、引入奖励机制

由于年龄、学历和职务等相关因素的影响，随着年龄的增长，社会公众主动监督的意愿有所降低，并且，较低的学历和较低的职务都对主动监督意愿有一定的影响；而适当地引入奖励机制有助于提高公众监督的积极性，使社会公众在获取会计信息后能够更加积极地进行财会监督，壮大外部监督力量。在对社会公众引入奖励机制的过程中，要制定好相应的标准，并保证对积极监督者的奖励能够落实到位，防止出现流于形式的现象，切实鼓励群众积极参与到监督过程当中，发挥人民群众的主人翁精神，充分发挥其监督作用，切实提高行政单位的会计信息披露质量以及行政单位的履职绩效。

五、完善上级部门监督

上级行政单位部门在对基层行政单位进行监督时要注重监督方式的多样化，可以采用定期检查与突击检查相结合的方式，通过定期检查监督基层行政单位是否将各项政策落到实处；通过突击检查监督基层行政单位是否有弄虚作假的情况，并且要加大突击检查的频率，杜绝虚报成果、弄虚作假的现象。还可以运用信息化手段，把基层行政单位财会监督的内部监督网络和与上级行政单位的外部监督网络结合到一起，联合促进监督作用更好的发挥。

第四节　强化财会人员管理

基层行政单位财会监督内部监督的主体主要是内部会计人员。然而，现阶段，基层行政单位在内部会计人员方面还存在着执业水平有限、责任感和积极性不强等问题，而产生这些问题的主要原因在于基层行政单位对于内部会计人员的管理力度不够，所采取的措施不够完善。因此，应当加强对基层行政单位内部会计人员的管理，提高其执业水平，通过建立相应的诚信制度等提高其责任感和积极性，使其更好地发挥监督作用。

一、培养会计的职业道德

会计职业道德是会计人员在日常工作中所应该遵守的最低道德标准，也是会计人员正确处理人与人之间的经济关系的依据。会计这个行业有其自身的特殊性，要求会计人员必须遵循诚实守信、遵循相应的原则，不能制作假账，要保证对外披露的会计信息具有真实性和可靠性。也正是由于这种诚实守信、真实可靠的性质，会计人员才被人们所信任。随着现代社会经济的高速发展，会计信息越来越受到各界人士的重视，而良好的职业道德在保障会计信息真实可靠方面起到了至关重要的作用。因此，基层行政单位应给予会计职业道德高度重视，要打造高素质的会计队伍。

第一，定期进行思想教育培训，提高会计人员的思想道德水平。会计行业本身要求的诚实守信以及真实可靠使得从事会计行业的人员必须具备较高的思想道德水平。会计人员在日常工作中的大部分造假行为都是由于其思想道德水平较低、经不住诱惑而造成的，因此，基层行政单位平时应该多注重对会计人员思想方面的教育培训，不断提升会计人员的思想道德水平。对那些具有高品德的人员予以表扬，鼓励其他人员积极主动地向其学习；而对于那些道德水平较低、做出违法违规行为的典型人员，应给予严厉的批评，并提醒其他人员引以为戒。

第二，定期进行评优活动，营造良好的氛围。打造高素质、高水平的会计队伍，业务水平的提升和道德水平的提升缺一不可，基层行政单位应该注重这两方面的内容。定期的评优活动能够提高会计人员的工作积极性，并鼓励他们相互学习，能够在单位内部营造积极向上的氛围。在评选过程中，既要求参评人员的工作业务水平较高，又要求其道德水平较高，并给予成绩优异者外出深造学习的机会。通过不断学习，能够提高会计人员的从业水平，也有利于其道德水平的不断提升。

二、贯彻财会法律法规

法律法规是基层行政单位一切工作的准绳。加强对法律法规的学习，有利于工作人员对国家法律法规进行详细的了解，避免在日常工作中因不了解法律法规而做出违规行为，并能够提升整体的法制化水平。具体可以从以下几个方面展开：

第一，认真贯彻落实会计行业最根本的法律《会计法》，大力宣传对会计相关法律法规的学习。认真学习会计法律法规，能够为基层行政单位实施财会监督提供有力的法律保障。在日常工作中，还应该注意积极开展对法律法规的宣传欢动，如可以通过在单位内部制作一些法律法规的小册子、漫画，开展法律知识比赛活动等宣传方式，调动工作人员的学习热情，从而使法律法规在单位内部得到更好的普及。

第二，加强对相关法律法规学习效果的监督。在落实相关法律法规学习的过程中，应当健全对人员的监督措施，基层领导要尤其加强对相关方面的重视，积极督促本单位人员进行相关的学习，并做好监督检查工作。基层领导可以通过常规检查和突击检查相结合的方式，促使工作人员更加认真地学习。在常规检查中可以定期进行考试，测试学习人员的阶段性水平，也可以通过口头回答的方式进行相关的测试。在突击检查中，可以通过不定时的随机提问，询问学习人员对相关学习内容的了解程度，看其在没有准备的情况下是否真正对所学习的法律法规有深刻的印象。当然，在实施监督检查的过程中，一旦发现舞弊的情况要严格处理,杜绝弄虚作假的现象。会计人员自己在学习过程中也要进行互相监督,对那些态度不端正、不认真学习的人员给予善意的提醒,督促他们向那些学习优秀的人员学习,从而在整个单位里形成良好的学习氛围,提高全体人员对相关法律法规的学习效果。

第三,成立财会监督小组,确保相关法律法规在实际工作中得到贯彻落实,提高本单位的会计法制化水平。要成立一个日常监督小组,该小组由那些在相关法律法规学习中表现优异者组成,负责监督基层行政单位会计人员,确保他们在日常工作中严格落实国家相关法律法规,规范自身的行为,不断提高基层行政单位会计遵守法规的自觉性,保证本单位信息的真实可靠,提高会计披露信息的质量。

三、建立诚信档案和问责奖惩制度

会计人员在工作中具有高度责任感和积极性,是会计各项工作更加规范、更加顺利地开展的重要保障。如何通过各种方式提高相关人员的责任感和积极性,是确保基层行政单位财会监督工作更好地开展所必须解决的问题。

(一)建立健全基层行政单位会计人员的诚信档案

诚信原则应该贯彻会计人员工作的每一个环节,是会计职业道德中重要的内容。在单位内部给会计人员建立诚信档案,有利于加强对会计人员的制约,提高对会计人员的管理水平,能够使会计人员坚持诚实守信原则,更加认真地履行自身的工作职责。

首先,要规范诚信档案所包含的内容。在诚信档案的内容中,要着重记录会计人员在日常工作中是否存在弄虚造假、营私舞弊的情况,是否存在违规操作等违反诚信的行为,当然也要对那些在较大事件中恪守诚信原则的行为予以记录。其次,邀请相关专家对诚信档案设置一定的标准,实行评分制。诚信档案建设的主要目的是约束会计人员的行为,对于违反诚信原则的人员,予以减分;对于那些在重大事件中坚守原则并做出一定贡献的人员,予以加分。当会计人员的分数低于一定标准时,要看其是否存在违法行为,如果该会计人员违法违规,则给予其相应的处分;如果该会计人员没有触犯法律法规,则要加大对其进行诚信教育的力度，以提高其诚信意识。最后，每年最终的评分结果要记录入档，并定期对评分情况进行公布，保证所记录的信息的准确性，以便时刻提醒会计工作人员。对那些讲诚信、守诚信的行为要积极宣传，在单位内部营造良好的诚信氛围。

（二）完善基层行政单位对会计人员的奖励制度

根据基层行政单位所在地的实际经济水平，对于那些认真落实相关法律法规，在监督过程中坚守原则、恪尽职守，取得突出成绩的会计人员，要给予一定的物质和精神奖励。例如，可以召开表彰大会，公开表扬那些有突出成绩的人员，还可以根据实际水平发放一定的物质奖励，鼓励其在以后的工作中更加努力，提高财会监督人员的积极性。

（三）建立问责制，增强监督人员的责任感

基层行政单位财会监督工作的顺利开展，有利于贯彻落实国家相关行政法规，提高行政单位的履职绩效以及资金使用效率，保障社会大众的根本利益。由于基层行政单位财会监督人员具有一定的权力，因此要保证其在监督过程中公平公正。建立问责制是一项有效的措施。问责制的建立，要根据个人的权利严格明确其相对应的责任，并对其履行情况进行一定的考核，及时发现监督人员在履职过程中的失职情况，并给予其相应的惩罚，使权利与责任对等，杜绝在监督过程中会计人员滥用权利和违法违规的现象。

第五节　加强内部环境建设

基层行政单位财会监督是基层行政单位内部控制的重要组成部分，内部控制制度主要是指基层行政单位的管理层通过制定一系列制度和采取相应的措施，保证本单位的资源完整、安全，保障本单位提供的相关会计信息真实、可

靠，实现其内部控制目标体系的构建。基层行政单位的内部控制目标主要包括保证本单位的活动符合相关法律法规，在运用资产方面合理、高效，会计信息披露质量得到有效保障，提高行政单位的履职绩效，有效地预防营私舞弊行为等。通过研究内部控制制度的定义不难发现，财会监督本身已经融入内部控制定义当中，是内部控制的基本内容，也是其重要的职能之一。从内部控制的目标来看，其提高会计信息披露质量、提高行政单位履职绩效等都与财会监督目标相一致。基层行政单位内部财会监督作为内部控制的执行因素，之所以能够发挥作用，有赖于内部控制制度的建立、健全、完善。因此，要想实施好基层行政单位内部财会监督，就必须要重视对内部控制和约束制度的完善。通过良好的内部控制制度，规范会计工作人员的行为，同时，也能够在一定程度上对基层行政单位领导起到约束作用，增强其会计责任感。所以，完善基层行政单位的内部控制体系，有利于更好地发挥基层行政单位财会监督作用。

内部控制要素是基层行政单位实施内部控制的具体内容。关于内部控制要素的最新相关研究，大多采用的是全美反舞弊性财务报告委员会发起组织（Committee of Sponsoring Organizations of the Treadway Commission，COSO）关于内部控制的五要素框架，主要包括内部环境、风险评估、控制活动、信息与沟通、内部监督五大方面。基层行政单位由于其自身的特殊性，在内部控制上也与企业不同，主要体现在管理结构、风险类型、行为活动等方面，其在设置自身的内部控制要素时，要遵循集体决策、不相容岗位相分离等原则。基层行政单位在完善自身的内部控制体系的同时，应当将五要素的内容严格落实到位，完善自身的体系框架，使得内部控制制度更好地发挥其作用。

第四章　行政单位财会监督经济责任的追究依据

第一节　预算决算方面的追责依据

一、预算编制

（一）常见问题

预算编制的常见问题包括：① 预算编报不完整，应纳入预算的项目或内容未被纳入。② 超范围编报预算，多报、重复申报或虚报项目或内容，多报、虚报在编人员"吃空饷"，项目预算未按要求细化。③ 应由本级承担的支出被列入下级单位预算；应由行政单位承担的支出被列入事业单位预算；以委托事项形式转移财政资金，或以虚高价格变相补助下属单位；违规代编预算。

（二）追责依据

各级行政单位及有关部门、单位及其工作人员有下列行为之一的，责令改正，追回其骗取、使用的资金，有违法所得的没收违法所得，对单位给予警告或者通报批评，对负有直接责任的主管人员和其他直接责任人员依法给予处分：① 未依照法律规定，编制、报送预算草案、预算调整方案、决算草案和部门预算、决算以及批复预算、决算的；② 以虚报、冒领等手段骗取预算资金的。

国家机关及其工作人员有下列违反规定使用、骗取财政资金的行为之一的，应责令改正，调整有关会计账目，追回有关财政资金，限期退还违法所得。对单位给予警告或者通报批评。对直接负责的主管人员和其他直接责任人员给予记大过处分；情节较重的，给予降级或者撤职处分；情节严重的，给予开除处分：① 以虚报、冒领等手段骗取财产或资金。② 虚增、虚减财政收入或者财政支出。③ 违反规定编制、批复预算或者决算。④ 单位和个人有本条例规定的财政违法行为。构成犯罪的，依法追究刑事责任。

二、预算执行

（一）常见问题

预算执行的常见问题包括：① 无预算、超预算支出，擅自扩大开支范围或提高标准；自行调剂公用支出与人员支出、基本支出与项目支出、不同项目间支出预算。② 项目准备不充分导致财政资金闲置；结余资金使用不符合规定，将项目支出结余资金结转使用。

（二）追责依据

各级行政单位有关部门、单位及其工作人员有下列行为之一的，责令改正，对负有直接责任的主管人员和其他直接责任人员依法给予降级、撤职、开除的处分：① 截留、占用、挪用或者拖欠应当上缴国库的预算收入的；② 违反法律规定，改变预算支出用途的。

项目支出结余资金原则上由财政部收回。中央部门在结转结余资金管理中违反本办法规定的，财政部应责成其进行纠正。对未及时纠正的，财政部可将有关资金收回。

三、预算调整

（一）常见问题

未经批准调整预算，自行变更项目。

（二）追责依据

各级行政单位及有关部门违反本法规定，进行预算调整的，责令改正，对负有直接责任的主管人员和其他直接责任人员追究行政责任。

各级行政单位有关部门、单位及其工作人员有违反本法规定，改变预算支出用途的，责令改正，对负有直接责任的主管人员和其他直接责任人员依法给予降级、撤职、开除处分。

四、预算绩效评价

（一）常见问题

预算绩效评价的常见问题包括：① 未按规定开展绩效评价；② 绩效目标未实现。

（二）追责依据

对于在财政支出绩效评价工作中发现的财政违法行为，依照国家有关规定追究责任。

五、部门决算

（一）常见问题

部门决算的常见问题包括：① 预算决算差额较大且不能合理解释；② 决

算报表与财务账簿数额不一致；③决算编报不完整,应纳入决算的项目或内容未纳入。

（二）追责依据

财政预决算的编制部门和预算执行部门及其工作人员有违反国家有关预算管理规定,编制、批复预算或者决算者,责令改正,追回有关款项,限期调整有关预算科目和预算级次。对单位给予警告或者通报批评。对直接负责的主管人员和其他直接责任人员给予警告、记过或者记大过处分；情节较重的,给予降级处分；情节严重的,给予撤职处分。

属于会计方面的违法行为,依照会计方面的法律、行政法规的规定处理。对其直接负责的主管人员和其他直接责任人员,属于国家公务员的,还应当给予警告、记过或者记大过处分；情节较重的,给予降级或者撤职处分；情节严重的,给予开除处分。

单位和个人有本条例规定的财政违法行为,构成犯罪的,依法追究刑事责任。

第二节　资金管理方面的追责依据

一、大额资金管理

常见问题：大额度资金的使用未经领导班子集体决策。

二、公务卡与现金管理

（一）常见问题

公务卡与现金管理的常见问题包括：① 未执行公务卡强制结算目录和公务卡其他管理规定；② 使用现金结算公务接待费、会议费、培训费、住宿费和机票支出。

（二）追责依据

开户单位有超出规定范围、限额使用现金的情形的，开户银行应当依照中国人民银行的规定，责令其停止违法活动，并可根据情节轻重处以罚款。

严禁预算单位违规办理公务卡报销业务或查询、泄漏本单位公务卡持卡人的私人交易信息；严禁持卡人违规使用公务卡、恶意透支、拖欠还款或将非公务支出用于公务报销；严禁发卡行对外泄漏与公务卡支出有关的各种数据资料。

违反规定的，追究单位负责人和直接责任人的行政责任，情节严重涉嫌犯罪的，移交司法机关，依法追究刑事责任。

三、非税收入管理

（一）常见问题

非税收入管理的常见问题包括：① 对行政单位非税收入多征、提前征收或者减征、免征、缓征或者截留、占用、挪用、坐支、拖欠等情形；② 行政房产出租收入未按规定上缴国库。

（二）追责依据

各级行政单位及有关部门、单位有下列行为之一的，责令改正，对负有直接责任的主管人员和其他直接责任人员依法给予降级、撤职、开除处分：① 违反法律、行政法规的规定，多征、提前征收或者减征、免征、缓征应征预算收入的；② 截留、占用、挪用或者拖欠应当上缴国库的预算收入的。

财政收入执收单位及其工作人员有下列违反国家财政收入管理规定的行为之一的，责令改正，补收应当收取的财政收入，限期退还违法所得。对单位给予警告或者通报批评。对直接负责的主管人员和其他直接责任人员给予警告、记过或者记大过处分；情节严重的，给予降级或者撤职处分：① 违反规定设立财政收入项目；② 违反规定擅自改变财政收入项目的范围、标准、对象和期限；③ 对已明令取消、暂停执行或者降低标准的财政收入项目，仍然依照原定项目、标准征收或者变换名称征收；④ 缓收、不收财政收入；⑤ 擅自将预算收入转为预算外收入；⑥ 其他违反国家财政收入管理规定的行为；⑦ 其他违反国家财政收入管理规定的行为。

对违反规定设立、征收、缴纳、管理非税收入的行为，依照国家有关规定追究法律责任；涉嫌犯罪的，依法移送司法机关处理。

第三节　资产管理方面的追责依据

一、资产配置

（一）常见问题

资产配置的常见问题包括：① 未经批准购建需审批的资产；② 超预算、超标准配置办公用房、公务用车、办公设备和家具等；③ 在建工程未及时结转固定资产；④ 达到固定资产标准未作为固定资产管理和核算。

（二）追责依据

对违反办公用房管理规定，决定或者批准兴建、装修办公楼、培训中心等楼堂馆所的直接责任者和领导责任者，应给予相应党纪处分。

各部门违反规定，有下列情形之一的，由国管局和相关部门责令限期改正，逾期不改的予以通报批评，并按条例和国家有关规定处理：① 超计划、超标准配置资产的；② 违反行政单位采购和招标投标规定配置资产的；③ 拒绝对长期闲置、低效运转的资产进行调剂处置的；④ 未履行相关程序擅自处置国有资产的；⑤ 不按规定上缴资产处置收入的；⑥ 不按规定报送资产报告或报送虚假资产信息的；⑦ 为评估机构提供虚假资料、干预评估机构独立执业的；⑧ 其他违反规定的情形。

二、资产使用及处置

（一）常见问题

资产使用及处置的常见问题包括：① 未经批准出租、出借或处置资产，未经批准将资产在行政事业单位和企业间调拨；② 行政事业单位资产处置收入、行政单位资产出租收入未上缴，违规处置和出租资产；③ 资产账实不符，少记、多记资产。④ 未按要求定期清理资产，未及时清理已报废资产；⑤ 行政单位对外投资担保、事业单位未经批准对外投资担保；⑥ 对外投资在往来款中挂账，少记对外投资；⑦ 资产管理责任不清；⑧ 人员调离或退休未移交资产。

（二）追责依据

国家机关及其工作人员违反国有资产管理的规定，擅自占有、使用、处置国有资产的，责令改正，调整有关会计账目。限期退还违法所得和被侵占的国有资产。对单位给予警告或者通报批评。对直接负责的主管人员和其他直接责任人员给予记大过处分；情节较重的，给予降级或者撤职处分；情节严重的，给予开除处分。

第五章　行政单位内控建设的理论来源

第一节　行政单位内部控制的理论及方法

相对于经典的企业内部控制理论而言，行政单位内部控制的产生时间较晚，发展水平相对滞后，但是丰富的企业内部控制研究成果与实践经验能够为行政单位内部控制研究提供客观的理论基础和实践参考。地方财政部门是行政单位职能部门中进行地方财政管理的特殊机构，地方财政管理的特殊性决定了地方财政内部控制是行政单位治理机制的形成基础和有效保障。

本节旨在分析和提炼企业内部控制理论的重要内核，梳理行政单位部门与企业内部控制的关联性，并以公共受托理论、控制理论等基本理论为指导，根据地方财政部门特有的内部治理结构复杂、影响范围广等内部治理结构特征，以及实施内部控制的复杂性，进一步构建行政单位内部控制理论体系。

一、概念范畴和本质属性

（一）内部控制的概念

从字面来理解，内部控制的"内部"是指某一范围以内；"控制"有驾驭、支配之意,掌握住使活动不超出一定的范围和界限。从管理学角度看,"控制"最为经典的定义来自法国学者 H. 法约尔的观点:控制就是要证实一下各项工作是否都与已定计划相符合,是否与下达的指示及已定原则相符合。控制的目的在于指出工作中的缺点和错误,以便加以纠正并避免重犯,其实质是一种管理控制,是有效执行组织策略的必备工具。因此,内部控制就是以组织内部为界限范围,为达到组织单位的某些特定目标而实施的用于制约及调节的方法、程度及计划的总称,这个概念也可以套用到行政单位上。

国内外机构和学者也从各自的角度形成了对内部控制的不同观点与看法。美国 COSO 委员将内部控制定义为由公司董事会、管理者和公司内部员工共同设计实施的,以为财务报告可靠性、相关法律法规遵循性和经营效率效果提供保证为目标的管理过程。而加拿大 COSO 委员会并没有使用内部控制的概念,而是以"控制"替代,认为控制是为了达到企业 / 行政单位的目标而将资源、系统、过程、文化、任务等要素结合在一起的一个整体。英国公司内部控制工作小组将内部控制视为一个系统,其中包含了政策、过程、任务、行为和一个公司的其他方面。我国则颁布了相关法律法规,在这些法律法规中,都将内部控制描述为以上市公司董事监事会、管理人员以及公司全体员工为主体的,以实现公司战略目标为方向而对公司相关战略计划的制订及生产经营活动中存在的风险进行管理的制度安排。我国学者李凤鸣认为,内部控制归根结底是在企业内部实施的各项制约和调节的组织、方法、计划、程序的总称,而这一系列活动都是为了达到提高经营效率和合理配置及使用现有资源的管理目标。学者池国华、樊子君则言简意赅地将内部控制定义为确保实现企业目标而实施的程序和政策。学者李心合认为,内部控制是以有效防范控制公司各类风险而构建的一整套涵盖公司所有经营业务和财务活动的牵制体系。

总体来看,各国权威机构和研究学者从自身角度出发,形成了对企业 / 行政单位内部控制的不同看法和认知。这些看法和认知的共同之处如下:

第一,实施过程具有动态性。随着内部控制的不断发展和完善,人们对内部控制概念的认识从起初的对控制程序、控制政策的静态理解角度逐步转为从过程、行为的动态分析视角。因此,将内部控制看作一个组织不断自我改进和完善的动态发展过程,能够更加清晰地把握内部控制的内涵。

第二,参与主体具有广泛性。内部控制的实施必须由一定的主体来承担。

也就是说，内部控制的设计最终还要体现为具体的执行。因此，"人"是内部控制中最重要也是最活跃的要素，只有"人"可以将所有其他的要素进行有效组合，从而使各要素相互作用、相互配合，以实现组织的控制目标。因此，内部控制的有效执行离不开组织范围内所有员工的广泛认同和积极参与。

第三，实施具有目的性。无论将内部控制作为"一个管理过程""一个整体""一个系统"，还是"企业/行政单位要素的一个部分"，都不会脱离一个前提条件，那就是组织的目标。内部控制的目的是为组织目标的实现提供合理的保证，如果没有组织的目标，内部控制必将失去其作用和意义。

第四，要素具有整合性。一个组织要实现正常的运转和存续就必须将各种资源和要素进行整合，而内部控制就是为提高组织自身的运行效率而主动、自发地对要素进行整合，依靠所有人的力量去实现工作目标的过程。

（二）内部控制的本质属性

要想厘清行政单位内部控制的本质属性，就必须从内部控制的具体来源进行分析。而内部控制起源于企业组织，因此，内部控制体现着一定的组织关系。现代企业理论认为企业是一组契约的集合，组织是各种资源的结合体。它们具有一定的目标，并在适当的时期内持续存在。组织在一定程度上是由其领导层以层级制方式来协调的。

根据企业理论，企业的建立就是作为主体的所有者、经营者、劳动者及行政单位部门等多个利益主体，为了从企业未来的生产经营活动中获得并分享价值增值而签订平等合约并以生产要素的形式参与组织运行的过程。在此过程中，签订企业条约的目的是保证各参与者所享有的权利及履行的义务的平等性。在这种契约关系建立起来之后，为了保证各方参与者既定目标的实现，就必须建立起一套严密的科层组织制度，明确各方责任，将任务进行分解并以自上而下的方式在不同层级之间进行有效的传达，确保所制定的政策能够被全面、有效地执行。在委托代理的过程中，企业只有建立一套行之有效的自我管理和自我监督机制才能更好地约束利益各方的具体行为，从而保证利益相关者的合法权益得以充分实现，而内部控制的实施就可以将这个想法变为现实。同时，随着企业组织规模的不断扩大和业务活动的开展，企业的内部环境和外部条件都会发生相应的改变，企业相关利益者的各种诉求也将随之变化。因此，企业各要素之间的契约关系是一个不断调整的动态过程，作为各种契约关系的保障机制，内部控制也必然进行必要的改变和调整以适应新的要求。同时，为了能够及时有效地洞察组织内、外部环境变化所引起的契约关系的改变，内部控制还必须进行自我修复和自我调整。具体而言，内部控制是一种有效的监督，通过掌握企业组织各利益相关者的信息来综合判断当前契约关系所产生的变化以及可能出现的风险，并对具体的影响因素进行剖析，采取有效措施进行自我修复和调整。

由此可见，企业组织所特有的契约关系决定了内部控制是一种对不同利益主体之间关系的制衡以及权力的约束和监督。与此同时，企业组织实行科层管理制度，从而形成了不同要素之间的委托代理关系。为了激励代理人更好地履行委托责任，还采取了多种措施激励代理人。所以，内部控制的本质还表现为对组织员工的有效激励。

基于此，内部控制的本质体现着企业组织特有的契约关系，是为了提高企业契约关系的内稳性而进行的自我修复和自我调整的完善过程。同理，套用到行政单位上，当行政单位各利益相关主体之间所建立的契约关系比较稳定时，内部控制则能够确保行政单位组织如契约签订时的各方利益主体所期望的那样顺利运行，从而保证行政单位发展目标的实现，满足利益相关者的各种利益诉求。如果行政单位组织的内、外部环境发生变化，势必会影响行政单位契约关系的稳定性，这就要求内部控制及时、有效地甄别出这些改变以及可能带来的风险，并采取有效的措施加以防范，从而使行政单位适应新的环境并不断发展。

二、内部控制的构成要素

内部控制是为了保证组织目标的实现而对组织内部人员及其行为实施的控制活动。因此，内部控制必须与明确的主体相联系，也就是说，内部控制来自一定的组织范围。宽泛而言，组织为了实现其发展目标从而催生了加强自我管理和自我防范的内部控制，而人们对于内部控制的认知因为自身所处角度的差异而有所不同。实际上，对于内部控制的认知过程就是对于内部控制系统要素的具体划分过程。从整个内部控制的演进历程来看，内部控制的构成要素在完善内部控制的过程中得到了充分的丰富和发展。具体而言，内部控制经历了从"三要素""四要素""五要素"向"八要素"的发展，并且内部控制目标逐渐明确、清晰，构成要素越来越丰富。近年来，我国企业内部控制建设取得了很大进展。为了更好地规范和指导企业内部控制，相关机构提出了内部控制五大要素应当包括内部环境、风险评估、控制活动、信息与沟通以及内部监督，值得行政单位开展内部控制工作时参考。

（一）内部环境

作为内部控制要素中的基础，内部环境联系和影响着组织范围内其他所有的资源要素。根据企业契约关系的特点，内部控制具体包括：① 企业组织机构设置，如企业组织的内部治理结构，具体包括不同层次的管理层之间的权限分配以及员工的具体责任划分等。不同的企业组织其组织机构设置也会有差异。组织结构设置的目标就是将企业组织发展的各项任务活动具体到每个人，通过对权力的有效约束和牵制来提高企业的管理效率，保证企业各信息来源畅通无阻。② 组织战略发展目标，每个组织都有其存续和发展的目标，只有建立了明确的目标，才有实施内部控制的必要。③ 人力资源政策，如企业的人员招聘计划、员工培训方案以及职务晋升的具体实施细则等人事政策。同时，对于关键性岗位的员工，还应当考虑实行定期岗位轮换制度或强制性休假制度。④ 企业文化，包括公司所有员工的风险管理与控制意识，遵守相关法律法规的法制性意识，经营管理人员的诚信意识和道德规范等。

（二）风险评估

企业组织为了更好地发展，一般都会制订企业组织战略发展计划和目标，而目标的确定必然伴随着风险的产生。风险就是受到不确定因素的影响而导致企业组织目标发生偏离的可能性。因此，风险评估就是以企业发展目标的确定为前提，系统地分析企业在实现战略目标的过程中可能产生的各种风险及其影响程度，并采取有效的控制措施进行风险规避，从而使风险降至组织可承受的范围之内，实现企业的可持续发展。风险评估是一个涵盖目标设定、风险甄别、风险分析等多个重要环节在内的有机整体。对企业组织来说，要想实现可持续发展目标，就必须设定企业关于生产、经营、销售及财务管理等各方面的战略目标，然后根据这些目标设定相应的风险管理机制，明确企业可能面临的各种内外部风险。在此基础上，采用科学的方法评估并测算企业的固有风险、剩余风险以及各自的成本收益，通过运用有效的控制措施使企业的剩余风险降至企业可承受的范围之内，从而实现风险的合理规避。

（三）控制活动

根据企业风险评估的结果需要采取有效的应对措施对风险进行防范，这个过程就是控制活动。它是风险应对的具体过程。应当根据不同的风险类型和来源，选择不同的控制方法来预防风险。常用的控制方法包括组织目标控制、不同管理层级的控制、会计控制、授权审批控制、程序控制以及不相容职务分离控制等。

（四）信息与沟通

信息是有关企业组织生产、经营、销售等各项工作的执行状况、会议记录、原始凭证等相关内容。为了保证信息在企业内部不同管理层次之间、部门之间以及员工之间的畅通传递，加快与企业外部其他组织之间的信息交流与共享，企业应当建立完备的信息沟通渠道。由此可见，信息与沟通是建立和实施内部控制的必要条件。具体而言，对企业经济业务的有效确认、准确衡量以及完整记录，将企业生产经营状况的相关信息真实、可靠地在财务报告中进行充分的反映，建立有效的内部汇报程序和信息共享平台等内容都是信息与沟通的重要环节。

（五）内部监督

为了更好地了解和掌握企业内部控制的实施和执行情况，必须要进行内部监督和评价工作。内部监督是组织进行内部控制的重要保证。通过有效的内部监督评价，能够及时发现内部控制在执行过程中所存在的薄弱环节，并针对这些问题和不足，采取合理的措施进行控制，从而不断提高内部控制水平，实现预防风险的管理目标。内部监督的形式主要包括日常监督和专项监督。日常监督是企业针对常规性工作的监控，而专项监督是企业对于重大事项的特殊监督过程。

由此可见，企业内部控制五要素是相互影响、相互联系的有机统一体。其中，内部环境处于整个内部控制体系的最底部，发挥着基础性的作用；与此相反，内部监督处于最顶部，它是针对其他四个要素而实行的自上而下的单向检查，是对内部控制实施的具体效果进行评估的全过程。风险评估和控制活动处于中间位置，风险评估是行政单位采取控制活动的依据。当行政单位通过一定的技术手段找出影响行政单位战略目标实现的各项因素并对潜在的风险进行定性和定量的评估测算后，就要针对这些风险制定相应的应对策略，及时采取预防和控制措施，最大程度地减小风险可能带来的损失。而信息与沟通在这五要素中处于承上启下、沟通内外的关键地位。

三、作用原理与方法拓深

（一）内部控制的作用原理

内部控制是以控制论和经济控制论为理论基础的科学方法。控制论是以机器、动物和人类为研究对象，研究其内部通讯、调节与控制一般规律的科学。作为控制论的创始人，美国应用数学家诺伯特·维纳将控制论看成研究机器和生命社会中控制和通讯一般规律的科学，其研究重点在于分析动态系统在不断变化的环境下如何保持平衡和稳定的状态。他认为，在一个完全封闭的闭合系统中，总是存在着熵增加的趋势，而要想使系统保持平衡稳定的状态，就必须对其施加一个用来克服自然趋势的作用力量，这种作用力量就是控制作用。控制的目的主要表现在两个方面：一方面是保持系统原有的内稳状态，当系统发生了偏离，就必须施加作用力使其恢复稳定状态；另一方面是引导系统朝着预期的方向发展。

由此可见，行政单位内部控制正是根据同构性系统都适用自动控制的原理而建立起来的。内部控制是系统化的制度体系，是组织自律管理的行为，通过制度体系约束行为，成为组织防范抵御风险的一种本能。对于一个组织有机体而言，内部控制制度体系是嵌入所有组织事项流程的组织免疫系统，使之具备抵御和防范风险的功能，这个功能是通过一定的理论框架、方法、程序以及人的行为组合来实现的，以达到自动防御和高度敏感反应的风险防范效果。自我检验与控制的机制具有普遍性和一般性的特点，它适用于任何行政单位和过程，也就是说，构建和实施内部控制对行政单位或过程的性质没有特定要求，所有行政单位都可以构建对自身内部进行检测的自检系统。

（二）内部控制的方法

内部控制是一个有组织的系统，它可以根据外界的各种变化不断对自身进行调整，排除干扰因素，保证系统总是处于某种稳定的状态。因此，"控制"也可以被看作保证系统在不断变化的外部环境下实现某种目的的调节或联系行为。而组织单位内部控制是一项复杂的动态过程，它要采用多种经济控制方式，才能实现最终的控制目标。最常见的控制方式如下：

第一，分级控制。任何一个经济单位作为社会生产管理系统的组成部分，都应该采取分级控制的管理办法。在实际操作中，往往可以将一个分级控制系统划分为若干个分级控制的子系统，由决策单元组成递阶形式，其级次与时间尺度成正比，即级次越低，相应的时间尺度就越短，反之亦然。在分级控制系统中，信息是通过自上而下的优先次序进行传递的，上一级的决策信息将形成下一级的行动指令。每一级受控层次都与整体系统保持受控目标及行为的协调一致性，借助各子系统之间的关联实现每一级受控层次之间的控制和调节。

第二，目标控制。在任何一个社会中，所有组织都具有明确的目标。实施内部控制的目的就是要克服外界随机因素的干扰，保证组织目标的顺利实现。但是，这些因素导致在实现目标的过程中总会出现或大或小的偏差，要想减少或消除这些偏差，就必须进行调节。实施目标控制，需要将控制目标和对应变量参数的限制条件预先从外部输入控制系统中，以事先设定的预知信息变量作为目标，不断改变控制变量的过程。目标控制具有自适应性，即当外部环境以及受控对象的特性等情况发生变化时，目标控制可以相应地做出调整，使组织回归到正确的发展轨道上。

第三，程序控制。所谓程序控制，就是对于具有重复性和规律性的业务，根据客观要求，为其制定一套标准化的处理程序作为行为准则，从而保证在处理该类业务时有科学、固定的参照标准可依。进行程序控制可以在很大程度上减少工作中的无序性，在明确权责的同时降低工作中的错误率，有利于单位按照规范及时有效地处理各项具体业务。程序控制的关键是实行牵制控制，这是在设计程序时必须遵守的原则。内部牵制就是由不同的人来具体担任一些相互关联且不相容的职务，以达到互相牵制的目的，如把一项经济业务的授权批准职务与执行职务实行分管。

　　基于此，无论是行政单位机关，还是企业、事业单位，任何单位以及单位内部的管理过程都是由相互作用、相互影响且具有耦合关系的各要素集合而来的。这些要素之间依靠一定的因果关系连接在一起，这种管理过程与社会经济过程、生物系统以及技术系统都具有同构性，生物的自我调节原理和支柱设备的自动调节原理，对它们同样适用。

第二节　行政单位与内部控制的关系

　　地方财政部门作为行政单位中专门负责地方财政管理工作的特殊机构，通过对地方财政收支活动进行计划组织、协调、监督和控制，运用财政制度、政策和一系列措施对地方财政经济运行过程进行具有综合性、科学性的管理。而作为一种管理活动，地方财政管理在管理中既要遵循一般经济管理原理，又要体现出地方财政部门与其他非行政单位部门的差异。因此，梳理行政单位部门与企业内部控制的关联性，要立足行政单位部门的公共受托责任，分析地方财政部门内部控制的特殊性和复杂性，这是进一步建立行政单位内部控制理论体系的逻辑起点。

一、行政单位与企业内部控制的关联

（一）产生根源：委托代理关系

企业内的委托代理关系通常有两种：所有者与经营者之间的委托代理、经营者与员工之间的委托代理。企业的所有者在市场中寻找合适的经营者并与之签订合同，建立委托代理关系；经营者作为受托人，通过对企业日常生产经营活动的管理为企业及其所有者谋取利润。当经营者因经营不善导致企业业绩不佳时，所有者有权利终止该委托代理关系，并寻找具有更强的经营管理能力的受托人取而代之。由于企业中的这种委托代理关系是明确、具体的，委托人是特定的主体，因此，委托人可以更加有效地监督代理人的行为以使其符合委托人的意志。

委托代理关系在公民与行政单位之间以及各行政单位机构之间也同样存在。在这种委托代理关系中，公民处于委托人地位，行政单位居于受托人地位，行政单位机构接受公民委托而成为其公共代理人，代为实现公民的公共需求和利益，履行公共管理和公共服务的受托责任。同时，行政单位又将各项具体的管理事务进一步委托给行政单位各职能部门，如财政部门、司法部门、教育部门等。因此，内部控制内生于组织的委托代理关系，行政单位部门也同样具备实施内部控制的条件。

（二）实施目的：风险管理

任何一个组织为了自身的存续发展，必定会设定组织战略目标。在实现目标的过程中，难免会受到各种不利因素的影响或发生不确定性事件。因此，为了帮助企业有效地识别和应对风险，必须建立内部控制制度。按照管理学的观点，企业的目标是追求企业价值的最大化。企业价值直接决定了企业组织在整个市场经济中的核心地位，并且充分反映了企业创造社会财富的能力。企业价值越高，企业契约关系中的各利益主体就能获得越多的收益。因此，企业价值是各方利益的重要保障。只有企业创造更多的财富才能更好地满足和协调利益主体之间的关系，实现企业的可持续发展。企业为了实现其自身的发展将内部控制引入风险管理之中，会通过对代理人的有效监督和激励以及风险点的识别与分析防范，实现有效降低风险的控制目标。

作为一个组织，行政单位部门也同样拥有自己的目标。行政单位部门的目标是有效履行行政单位责任，不断提高行政单位行政能力，完成行政单位部门的既定任务。行政单位部门的既定任务就是依据行政单位的总体发展战略规划而建立的组织目标。同样，目标的确定和实现必然伴随着风险的产生。行政单位部门在履行其行政职能的过程中，也会面临许多风险和内外部不利因素。经济社会的发展以及各项事业改革的不断推进对行政单位的行政能力提出了更高的要求。同时，日益复杂的国内环境也加大了行政单位的风险。因此，如何有效识别和预防行政单位部门的各种风险，更好地履行公共受托责任，是行政单位部门内部控制的实施目标。

由此可见，无论是企业还是行政单位部门，任何一个组织都有实施内部控制、提升风险防御能力的内在需求。只有从风险产生的根源进行有效防范，不断提升自我修正和自我管理的能力，才能实现组织的可持续发展。

（三）运行条件：资源整合

无论是一个行政单位机构还是一个企业，都是由人员、任务、管理三个基本要素组成的。内部控制归根结底也是由其基本要素组成的。这些要素及其构成方式，决定着内部控制的内容与形式。受到国外企业内部控制的积极影响，针对我国企业内部控制的发展状况，我国出台了《企业内部控制基本规范》，该规范同时融合了 COSO 五要素和风险管理八要素的精髓。在该规范中，内部环境被界定为内部控制系统的保障性因素，风险评估和控制活动分别被界定为关键环节和重要手段，信息与沟通是必要条件，内部监督是基本保证，这五大要素之间相互影响、相互促进，并以此为基础形成了内部控制的整体框架。

与此同时，行政单位部门管理的过程也是为了提高组织自身的运行效率而主动、自发地对要素进行整合，依靠所有人的力量去达到工作目标的过程。在整个过程中，内部环境是重要的基础。行政单位部门通过对组织机构的设置，明确各职能部门和人员的具体责任，制定有效的人力资源政策，营造积极的组织文化氛围，形成了整个组织的软约束环境。同时，为了保证目标的实现，行政单位部门运用各种政策和程序对风险进行分析和防范，以达到风险管理的目的。而信息的有效传递和沟通则是实现目标的重要保证，行政单位部门一般会通过报告、会议、信息系统、文件通知等形式来获取信息资料。因此，行政单位部门也具备应用五大要素的客观条件。

二、基于公共受托责任理论的行政单位功能定位

受托责任是委托代理关系中的关键要素，它是伴随着委托代理关系的确立而产生的。当委托代理关系正式建立后，受托人就必须以实现委托人的既定目标为己任，以严格遵循委托人的意志为准则，尽自己最大的努力，采取一切经济、有效的方法完成受托责任。

行政单位通过公共受托责任从公民手中获得公共权力，然后从中央行政单位到各级地方行政单位层层委托，直到最底层的普通公务员，这样就形成了三种代理关系，即公务员对部门领导的受托责任、行政部门对立法部门的受托责任及行政单位对社会公众的受托责任。三层代理关系形成了两个维度的公共受托责任，即内部受托责任和外部受托责任。具体而言，内部受托责任是指行政单位内部参与公共资源配置和使用的各个部门必须对整个行政单位所负的责任，外部受托责任是指行政单位就公共资源的经营作用和结果对全体公民所负的责任。除部分地区分为三级以外，地方行政单位以省级行政单位、地区级行政单位、县级行政单位以及乡级行政单位这四级形式存在。地方行政单位从公民手中获得公共权力，在确保国家政治经济目标实现的前提下，因地制宜地制定各地区经济建设和各项事业发展的计划，并保证计划的实现，以此形成了外部受托责任。而行政单位又将各项具体的管理任务委托给各个行政单位部门，行政单位部门又将各项具体的工作和实务操作活动委托给政治家、行政家以及公务员，这两级委托责任就构成了行政单位部门的内部委托责任。

与此同时，代理权在层层代理的过程中呈几何级数地被过度分解，委托代理链条不断延长，在市场经济中，信息不对称问题导致委托代理关系中往往会出现"道德风险"和"逆向选择"的现象。较之委托人，受托人对自身真实情况的了解程度更深，拥有更大的信息优势，同时，为了获得代理权，受托人也会倾向于隐瞒对其自身不利的信息，这种信息的不对称导致了委托人无法真实地了解受托人的情况。一旦受托人获得了代理权，成为权利的直接行使者之后，他就会出于"理性经济人"的本能而以实现自身利益最大化为目标，做出有悖于委托人意志的行为。除此之外，在层层代理的过程中委托代理关系越来越复杂，导致信息不对称的问题加剧，随之加大了委托人对受托人责任履行的监督难度和监督成本，从而增加了委托人承担损失的可能性。

因此，行政单位部门的委托身份具有双向性、复杂性和动态性的特点，由此决定了行政单位部门内部控制是以内部委托责任为主而建立的内部控制制衡机制。通过在行政单位部门内部建立行之有效的内部控制制度，来监督和约束组织内部受托人的行为，使行政单位部门各层级能够充分、有效地履行其受托责任，从而为行政单位部门目标的实现提供合理的保证。

三、地方财政部门内部控制的特殊性及复杂性

地方财政部门是地方行政单位部门中负责财政管理的特殊机构。它具体包括地方各级行政单位所设的各省、自治区、直辖市财政厅（局），各县（市）、自治州、自治县、市辖区财政局，以及各乡、镇财政所，这充分体现了财政部门组织结构的纵向和横向结构特征。组织的纵向结构，是指财政部门组织体系内从省级财政部门到县、乡财政部门以层级制为基础而确认的各层级间的垂直分工和权属关系；而组织的横向结构，是指财政部门组织体系内以职能制为基础而确认的某一层级内各平级部门间的平等分工，如地方辖区内同级的财政局之间，或同级的财政分局之间。这样一种特殊的治理结构，决定了地方财政部门无论是在行政管理方面还是内部控制实施方面，均与其他组织不同。

（一）地方财政部门行政管理的特殊性

地方财政部门通过建立各项财政制度、制定相关的财政政策，对地方财政经济运行过程进行具有综合性、科学性的管理，从而实现地方财政管理的目标。整个管理过程呈现出鲜明的管理特征。

第一，工作涉及面广、政策性强。地方财政部门的主要工作包括在国务院和各级人民行政单位的直接领导下，编制各级地方行政单位的预算和决算，办理预算执行业务；根据国家的财政法令和财政政策制定各项财政业务规章制度、法规条例，管理各部门、行政事业单位、国防、外事等部门的财务；制定财务会计制度和管理法规条例，管理国有企业、事业和行政单位的会计工作；进行财政监督、检查，执行财经纪律；管理各项财政收入、预算外资金和财政专户以及行政单位性基金和行政事业性收费。由此可见，地方财政部门的工作

头绪多，管理任务艰巨。同时，地方财政部门的各项工作都严格遵循国家的相关法律法规和程序，并按照国家和地方行政单位的发展战略有步骤、有计划地制定和落实各项财政税收政策，以满足地方经济建设和社会发展的需要。这充分表明，地方财政部门的工作具有明显的政策导向性。

第二，组织结构复杂，管理难度大。随着地方行政单位职能的扩张和财政支出的迅猛增长，地方财政部门的结构和运行越来越复杂。从纵向上来讲，地方财政管理包括省级财政部门的宏观管理，市、县两级财政部门的中观管理以及乡镇财政部门的微观管理。同时，各级财政部门还要监督和管理直属的各行政事业单位及相关部门。另外，各级次的财政部门根据工作需要内设监察、预算、国库、绩效管理、资产管理、社会保障等多个职能处室。由此可见，财政部门组织结构复杂，人员众多，要实现各项工作的顺利进行和信息的上传下达，其管理任务十分艰巨。

第三，需要协调和处理多方关系。地方财政部门是联系中央行政单位和地方各级行政单位、财政部门与其他行政单位部门、各企业之间的关系枢纽。因此，在实际工作中，必须要协调和处理这些复杂和重要的多方关系。在制定地方性财政制度、计划、决策时，一定要与国家的法规、制度、方针、政策和计划相配套，不能发生抵触；同时，还要处理地方各级行政单位部门之间的关系以及各级财政部门之间的关系，根据地方行政单位的发展规划，合理分配使用地方财政资金，为各级行政单位有效履行公共受托责任提供有力的财力支持；还要通过制定有效的财政制度和扶持政策，维护公平竞争的市场环境，为辖区内企业的发展搭建良好的平台。

（二）地方财政部门内部控制实施的复杂性

与企业相比，地方财政行政管理的特殊性进一步加大了地方财政部门实施内部控制的复杂性，具体表现为委托代理关系模糊、内部控制动力不足、内部监督机制作用甚微以及内部控制实施难度大。

第一，委托代理关系模糊。企业内部的委托代理关系更加简单明了，职业经理人市场的存在使得企业所有者在选择经理人时拥有更大的对比性和更多的选择权。在企业的委托代理关系中，所有者与经营者之间地位平等、身份明确，因而所享有的权利和必须履行的责任义务也更加清晰明了，即使经理人在经营活动中出现道德风险问题，违背了所有者的意志，企业的所有者也可以对经理人采取有效的监督并实施适当的惩罚措施。比较而言，地方财政部门的委托代理关系更加复杂，是一种特殊的、多层次的契约关系。在这种委托代理关系中，人民群众作为委托人，拥有单位的最终权利；行政事业单位接收委托，依托于预算资金为人民群众提供必需的公共产品和公共服务，实现人民群众的公共利益。但是，作为委托人的人民群众概念抽象、身份模糊，具有不确定性，而作为受托人的财政部门拥有公共利益委托代理的绝对裁决权，委托代理关系中不存在竞争，这导致了委托代理关系中权利与义务的不对等，从而使地方财政部门的行政行为具有更大的强制性、自主性和非拒绝性。如果其行为无法受到有效的监督，将很容易滋生贪腐和权力滥用的现象，浪费财政资金，带来一定的社会问题。

第二，内部控制动力不足。现代企业是一个独立责任主体，每个企业组织都有维系企业发展的内在动力。企业为了自身的存续和发展需要，往往会主动地去应用和实施内部控制制度，以此来更好地监督其委托人行事，最大限度地保证任务的完成。企业建立内部控制制度可以在更大程度上实现其资产保值增值的目标，提高经济效益，增强市场影响力。同时，内部控制的实施还有助于企业增强其管理水平，为利益相关者谋取更大的利润，创造更多的价值增值。因此，企业具有很强的内部控制的动力。而地方财政部门是国家根据发展的需要而设立的职能部门，自身不存在存续和发展的压力，其目标就是有效地执行地方财政部门的既定任务。地方财政部门建立内部控制体系的目的只是规范自身的管理活动，同时，约束下级行政机关的行政行为，为完成组织的既定任务提供合理的保证。因此，地方财政部门实施内部控制的动力不足。

第三，内部监督机制作用甚微。由于企业内部各主体身份明确、目标一致，股东、债权人的利益息息相关，因此，出于提高企业经营管理水平和盈利能力的考虑，企业股东和债权人等会主动构建内部控制系统，积极开展内部控制相关活动。同时，作为公司的经理人，公司经营业绩的好坏将直接影响到其报酬的获得和自身利益的实现，因而必须以股东、债权人的管理目标为依据，自觉实施内部控制以加强企业管理、降低经营风险。这种利益的相关性和目标的一致性使得企业内部控制体系相对更加健全，如董事会、监事会、内部审计等监督机构的设置。相反，地方财政部门的监督意识较为薄弱，内部监督乏力。根据国家规定，地方财政部门应当负责监督和管理下级财政部门以及直属行政事业单位的财务活动。因此，地方财政部门更多的是以外部监督主体的身份来实施各项管理活动的，这必然造成地方财政部门缺乏实施自我监督的内在动力和治理压力，致使内部监督力度明显不足。

第四，内部控制实施难度大。相比而言，企业内部控制的可操作性比较强。企业可以将其发展战略目标细化到各个管理层级和员工，形成具体的管理目标和明确的行动目标，当发生问题时可以及时进行调整和修正，从而使企业更好地发展。而地方财政部门组织机构复杂，包括内设机构、直属单位等。因此，地方财政部门不仅需要对组织内部各职能部门进行有效的管理，还要实施对直属单位和下级财政部门的财务监督和管理。尽管地方财政部门通过内部控制可以对组织内部的风险点进行有效的排查和防范，但是，对于来自其他相关部门的业务活动风险，则很难识别。由于受到各种不利因素的影响，地方财政部门不可能完全掌握和了解这些部门的预算管理、行政单位采购行为等重要业务活动的相关信息，在进行决策时难免会出现一定的偏差。因此，这些部门的管理缺陷和业务风险很有可能转移给地方财政部门。这就要求地方财政部门内部控制不但要完善自我监督和管理，还要通过业务流程的规范操作实现对其他相关部门的有效制约，其实施难度可想而知。

第三节　行政单位内部控制理论分析

在前面两节中，笔者对行政单位内部控制建设的理论及方法、行政单位与内部控制的关系进行了分析。在此基础上，笔者在本节中将以行政单位中的财政部门为例，对地方财政单位的内部控制理论进行分析。

作为内部控制理论的有益延伸和发展，地方财政部门内部控制应当是一个完整的理论体系。因此，以企业内部控制重要的核心理论为基础，立足地方财政部门内部控制的特殊性，从整体性、系统性的角度分析和界定地方财政部门内部控制的内涵、要素及程序，进一步构建地方财政部门内部控制理论架构。

一、地方财政部门内部控制的内涵和目标

（一）地方财政内部控制的内涵

目前，国内外的专家学者尚未对财政部门内部控制的概念给出明确统一的定义。我国学者董仕军认为，广义的财政部门内部控制包括财政管理的全部，而狭义的财政部门内部控制机制是内部监督与管理相分离、以内部监督为主的对管理进行内部再监督的一种机制，也包括财政部门内部各职能机构为加强内部管理而制定的各种程序性的制度。这种界定模式体现了内部控制与财政管理之间的关系。我国学者罗飞认为，财政部门内部控制是以最大限度地实现财政目标为目的，以该财政目标为导向，对财政收支建立有效的监督控制机制，以便及时发现并纠正财政收支活动中所存在的问题和偏差，适时调整相应的计划和政策的一系列管理活动的总称。我国学者江其玫等则认为，财政部门内部控制是以公共财政为导向，以加强财政管理、促进经济社会共同发展为目标，在整个财政运行过程中对预算的编制、执行以及其他业务流程进行管理监督的一系列方法、制度和程序的总称。还有学者将内部控制解释为，单位为实现控制目标，通过制定制度、实施措施和执行程序，对经济活动的风险进行防范和管控。

通过对上述地方财政部门内部控制相关概念的梳理与总结，笔者认为，地方财政部门内部控制是由组织内全体成员共同参与实施的，通过制定一系列措施、程序和方法，不断优化组织整体环境和规范业务活动的动态过程。这一定义突出了内部控制作为行政管理有效途径的本质特征，内生于组织目标实现和财政管理的客观需要，是地方财政部门提高行政管理效率，保证财政资金安全，降低财政运行风险的有效制度安排。其特殊之处如下：

第一，主动控制。以往的制度都是通过上级行政单位的行政命令强制要求下级部门进行执行，在这种制度的约束下，组织单位只能被动地去执行，执行力度取决于外部监督的推动。而内部控制是地方财政部门在进行财政管理活动

过程中系统自身主动的自我控制和自我防范，能激发组织的能动性，提高控制的有效性。

第二，层面控制。地方财政管理活动的烦琐以及地方经济社会背景的复杂性加剧了地方财政管理的难度。因此，通过建立地方财政部门内部控制制度，使地方财政部门的整体环境不断得到优化，为作业层面的财政预算管理、行政单位采购等各项重点活动的有效执行创造良好的条件。同时，规范各项重点业务的流程从而实施对其他相关部门的有效约束和管理，从风险产生的源头进行控制，不断提升地方财政部门防范风险的能力。

第三，动态控制。地方财政部门内部控制是涵盖制度设计、有效执行和监督评价等重要环节的不断完善改进的过程。一般来讲，财政活动的周期相对较长，因此，在业务运行过程中，受到内外部不利因素的影响或是内部控制制度设计与执行效果的限制，内部控制不可能一步到位，需要对发生的失误与偏差进行必要的纠正与完善，这样才能不断提高内部控制的效率水平。

（二）地方财政内部控制目标

目标是人们从事某项活动想要达到的标准和一种预期效果。而地方财政部门内部控制的目标就是建立内部控制制度所要实现的预期结果，它与地方财政管理目标有效关联，以实现地方财政管理目标为最终目的，是更为具体化和系统化的管理目标。总体控制目标又要进行合理的分解，细化为不同层次的管理目标。部分文件中提出，内部控制目标是合理保证单位经济活动合法合规、资产安全和使用有效、财务信息真实完整，有效防范弊端和预防腐败，提高公共服务的效率和效果，明显与企业内部控制的目标不同。这是地方财政部门内部控制最高层次的目标，也是总体目标。在总体控制目标的指引下，结合地方财政部门不同层次的特征和管理要求，进一步分解细化总体目标，制订出各层次具体的控制目标，为内部控制制度的设计和执行提供具体的方向和指导。

二、主体及客体的界定

组织运行过程中进行的所有活动都是由具体的人来实现和完成的。内部控制活动也有具体、明确的实施主体。通过界定地方财政部门内部控制主体，可以明确各行为主体在内部控制实施过程中所承担的责任义务。随着行政单位部门实施内部控制的必要性和重要性日益增加，其主体范围也呈现出不断扩大和多元化的趋势，涵盖了内部主体和外部主体两个方面。比如，最高审计机关国际组织（INTOSAI）就曾重新界定了内部控制的主体，其中，内部主体包括组织管理层、内部审计机构和全体成员，而外部主体包括最高审计机关、立法机关、司法机关和其他组织。

同时，还细化了各行为主体在行政单位部门内部控制中的具体责任。从国外行政单位部门内部控制的实践经验不难看出，财政部和审计机构是进行行政单位内部控制的重要的外部监督部门，通过制定内部控制的法律法规引导行政单位部门不断地发展和规范。因此，作为组织之外的监督力量，财政部和审计署以及立法部门是行政单位部门内部控制的重要参与机构，但不能代替各行政单位部门履行在其组织范围内建设和实施内部控制的责任。

基于此，地方财政部门内部控制的主体就是组织单位内部具体负责实施内部控制的责任承担主体，包括地方财政部门内部负责制定执行内部控制制度的全体成员，还包括组织内部控制监督审计部门以及外部审计机构。同时，由于内部控制包括制度设计、有效执行和监督评价三部分，相应地也产生了内部控制的设计主体、执行主体和监督评价主体，为了保证内部控制的有效性，这三个主体必须相互分离。具体而言，设计主体是组织内部控制的决策层和管理层，负责组织内部控制的制定；执行主体就是组织全体成员，内部控制对组织范围内所有的成员都具有同等的约束力，所有的人员不分层次，都应该按照内部控制的责任分工予以执行；而为了保证监督的独立性和有效性，地方财政部门内部的控制监督主体应该由专门的内部控制评价小组或是内部监督部门来承担。同时，地方财政部门的横向、纵向治理结构还决定了组织单位必须接受上级财政部门的外部监督，并实施对下级财政部门和其他相关部门的约束和管理。而财政部、审计署以及立法机关作为行政单位内部控制的重要监督力量，也承担着规范和指导地方财政部门的重要责任。

主体不可能脱离具体的活动而单独存在。地方财政部门内部控制主体活动所指向的对象就是客体。明确客体范围可以清晰界定和了解地方财政部门具体活动的设计范围和控制重点，为内部控制制度的具体设计提供明确的范围。同时，从内部控制发展的整个历程不难看出，内部控制的范围从开始的会计活动控制逐渐扩展为单位的全部活动。COSO 内部控制报告所使用的"内部控制—整合框架"充分表明内部控制不应仅包括财务管理的会计控制，而应将所有的组织活动都充分整合到内部控制中。因此，地方财政部门内部控制的客体应当包括组织单位为了实现组织目标而进行的一系列活动所指向的对象，财政资金的筹集、财政收支计划的安排、预算编制、会计、信息等，这些都属于内部控制的范畴。另外，内部控制是由人具体设计并执行落实的，每项活动都是由人操作的。作为内部控制体系中最重要的因素，人既承担着主体的责任，同时，也是控制作用的客体对象。内部控制归根结底是通过一系列有效的政策措施来实现的对人的控制。内部控制也是一种他律行为，实现对被控制者行为的有效约束。因此，地方财政部门内部控制的客体就是组织范围内的全体员工和组织的所有重点活动所指向的对象。同时，地方行政单位社会经济发展状况在不断地发生变化，地方财政部门信息化程度也会不同程度地推进，这些环境背景将会影响地方财政部门内部控制的客体范围。因此，内部控制的实施范围会随着地方财政部门具体活动的发展而有所变化和更新，具有动态性的特点。

三、内部控制的层次性

地方财政部门内部控制是在组织范围内实施、由全体成员共同参与的完整体系。内部活动贯穿财政管理活动的始末，涉及各个重要的部门和关键岗位，将组织部门的所有资源要素有机整合，形成了运行顺畅且有序的系统。因此，在这个要素、程序、环节相融合的动态过程中，内部控制的实施目的、实施类别要取决于内部控制实施的具体层次。各财政部门的组织层级包括治理层、管理层以及执行层这三个层次，内部控制通过与不同层次的有效结合，达到更好的实施效果。

（一）治理层

治理层是组织单位的最高层次，也是组织的决策层，掌握着组织的最高权力，一般由组织的领导班子成员所组成，包括厅长、局长、副局长等领导者。

治理层负责组织单位的全面管理,研究制定单位的长远发展战略和总体目标规划设计,实施对组织的战略控制管理,并对组织内部重大问题进行决策。因此,治理层是整体组织的关键层次,决定着组织的发展方向,管理层和操作层所进行的管理控制和操作控制都是在领导决策的基础上进行的,如果治理层决策失误,就会导致组织的错误性发展在管理层和操作层面的延续,最终将会造成财政资金的损失和组织运行的失败。所以,对治理层进行的战略管理是地方财政部门内部控制中最高层次的控制,对组织内部控制的建立实施具有方向性的指引作用。

（二）管理层

管理层是组织单位的中层管理机构,是连接决策层和执行层的纽带,既要深刻领会决策层制定的各项制度和决议,并将这些政策在各个职能处室进行有序的贯彻落实,又要对操作层面各项业务的具体执行情况进行管理,并在各部门之间进行必要的协调,同时,还要将这些情况汇总后向上级决策层进行汇报,以便决策层能及时掌握更多的信息和资料,从而进行科学的决断。因此,管理层是一个承上启下的特殊层次。本层次实施的是各部门的管理控制,主要包括财政预算管理、财政资金的有效运行、财政信息化管理以及行政单位采购管理等,涉及各关键职能处室和岗位。管理层的相关部门负责人对业务活动的关键控制点和风险点进行管理、控制,有效落实对操作层面各项具体业务的管理、监督和评价,对出现的问题进行指导和纠正,及时掌握相关信息并向上级领导层进行反馈。

（三）执行层

执行层是组织单位最基础的层次,所有的任务和工作都由执行层的具体人员来完成和落实。对操作层进行的控制,主要是监督员工是否按照规范的流程和程序进行操作,并确保各项任务最终的有效执行和完成,实现组织绩效管理的目标。地方财政部门执行层次主要涉及预算管理业务、财政收支业务、行政单位采购业务等重要的业务活动。每项业务活动都有严格的业务流程和操作规程。在具体的操作过程中,员工应该具备相应的业务能力,并遵照具体的规范来执行各项任务。

可见，地方财政部门的三大层次在内部控制的过程中具有不同的重要作用，承担着不同的职责，三个层次的控制目标和管理目的都具有关联性。只有将控制目标、控制方法和控制层次有效地结合起来，才能实现内部控制的最终落实。任何一个层次的失误都可能造成内部控制的中断，使内部控制的效果大打折扣。因此，只有不同层次的全体员工共同参与、各司其职，才能保证内部控制的充分执行。

四、设计、执行与评价的循环

地方财政部门内部控制是通过对各项业务执行过程中的风险点进行有效的防控，来实现对整个业务活动动态监督的过程。因此，完整的内部控制应该包括制度设计、有效执行和监督评价三大系统，并进行不断的循环反复，使内部控制得到优化和完善。

（一）内部控制的设计

地方财政部门进行内部控制的逻辑起点是如何根据地方财政部门的发展战略目标和管理目标，有效地选择和分辨出重要的目标和业务活动作为控制目标，并以此为基础设计合理的制度和程序来实施内部控制，也就是确立控制目标和制定保证目标实现的各项制度，即遵循确定控制目标—整合控制流程—识别控制环节—制定控制措施的路径。

确定控制目标是建立和实施内部控制的逻辑起点，因为控制目标是制定具体的内部控制制度的方向和依据，控制目标不同，制定的控制政策和程序也有所不同，而且，没有明确的目标内部控制就无的放矢。因此，地方财政部门应当根据组织的发展战略目标和组织的主要业务特点明确组织的总体控制目标，总体控制目标是地方财政部门内部控制的最高目标和终极目标；然后再根据总体目标制定不同层次的控制目标。一般来说，决策层的控制目标比较宏观和抽象，管理层的目标综合性比较强，而执行层的控制目标比较具体和明确，如对某项活动具体金额的控制。之所以要确定目标，是因为地方财政业务复杂、烦琐，内部控制不可能面面俱到，只能选择对于组织来说最为重要的关键活动和环节进行控制。整合重要的控制流程，然后将所要控制的关键要素整合到具体的操作流程之中，结合各项活动和业务的特点，识别重要的控制环节，并针对关键的控制点制定不同的控制措施。

（二）内部控制的执行

内部控制制度的作用还要通过具体的实施才能得以充分体现。执行过程在内部控制实施过程中发挥着基础性和关键性的作用。无论内部控制设计得多么完美，如果不能很好地执行，也形同虚设。因此，内部控制的关键在于如何执行。内部控制制度可能会由于个体差异而造成不同的结果，所以，为了减少因人员之间的差异而造成的影响，组织可以采取各种有效的措施和方法来提升地方财政部门内部控制的执行效果。作为行政管理机构，地方财政部门实行的是科级领导制度。在工作中，下级人员都要听从上级领导的指导和命令。因此，领导层对下级员工的影响是非常大的。组织领导可以加强对内部控制的主动学习和了解，并将内部控制意识贯穿到实际工作中，通过自己的可视行为来引导和影响下级员工。同时，在组织范围内开展定期的内部控制培训讲座和讨论会，加强员工对内部控制的理论学习，增进员工之间的心得交流，有效地提升组织部门整体的内部控制水平，建立积极向上的组织文化，创造良好的内部控制整体氛围，提高人员进行内部控制的主观能动性。同时，还可以开展一些内部控制知识竞赛，通过奖励的方式激发员工的积极性。组织部门的管理者还可以制定绩效考核机制，让员工明确自身的责任和工作目标，增强员工的责任心和创新精神，严格按照组织的要求行事。另外，充分、有效的监督制度也是内部控制执行工作的坚强后盾。地方财政部门的主要监督机构，如财务部门、审计部门和内部监督机构可以对整个内部控制的执行过程进行有效监督，这样可以发现员工在具体工作过程中的不足和懈怠情绪以及执行不到位的情况，以便及时对这些问题进行纠正，不断提高内部控制的执行效果。

（三）内部控制的评价

地方财政部门的各项业务活动涉及的范围较广，周期相对较长。因此，在业务开展的过程中，经济社会环境可能会发生变化，可能会出现一些突发事件，或遇到不利因素的影响，从而导致内部控制制度的非平稳运行。同时，内部控制的设计可能受到领导决策以及制度制定者本人专业知识水平的限制，员工在执行过程中对于内部控制的理解偏差等，也会造成内部控制实施效果与预期产生一定的偏离。由此可见，内部控制不是万能的，也存在一定的缺陷，如果不及时对缺陷进行弥补，很可能会造成内部控制作用的弱化。所以，为了使内部控制达到更高的实施水平，就必须对在内部控制的整个运行过程中出现的薄弱环节及时进行弥补和完善，从而使内部控制的实施效力不断增加。

而内部控制的评价就是对整个内部控制的实施状况进行的客观分析和有效测评。如果不能对内部控制的执行效果进行评价和监督，那么内部控制的实施效果就不能得以真实客观地反映，也不能及时发现业务活动的不足，内部控制就会流于形式。所以，内部控制评价是内部控制最重要的环节，是组织内部控制的自我修正与完善。具体而言，地方财政部门内部控制评价就是通过不同的方法，收集来自单位整体层面的相关信息和业务活动的各种会计凭证、文件记录等客观资料，建立科学规范的评价指标，运用恰当的评价方法对内部控制的有效性进行评价的过程。因此，评价系统的构建是一项复杂而又严谨的工程。内部控制评价监督主体应与设计主体和执行主体相分离，一般由内部控制评价小组或是组织部门指定专门的人员组成。评价工作也要遵循一定的程序。首先，设计内部评价流程，明确评价目标，在众多的内部控制目标中选择重要的目标作为内部控制评价目标；其次，根据评价目标收集重要的信息和资料，进行资料的归纳整理形成有用的证据，作为评价的有力支撑；最后，运用不同的方法对地方财政部门单位层面和作业层面进行具体的测试，收集来自单位层面的各项信息和来自作业层面的各种记录凭证信息，依据单位层面和作业层面不同的评价指标和评价方法进行评价，得出单位层面的定性分析结论和作业层面的定量评价结果，并针对已经识别出来的内部控制薄弱环节和缺陷，采取有效的措施进行修正和完善，完成内部控制评价报告。

由此可见，地方财政部门内部控制是包括设计、执行、评价三大系统在内的完整的体系，也是一个不断修正改进、循环往复的动态过程。研究内部控制必须将三者结合起来进行，才能体现内部控制的系统性与完整性。三大系统相互联系、互动发展，共同影响地方财政部门内部控制的整体效果。

第六章　行政单位内控框架的搭建与实施

在众多行政单位中，与财会联系最为密切的当属财政部门。本章选取财政部门为研究对象，分析其内控框架的搭建与实施，为其他行政单位内控建设提供一定的参考。

第一节　内控框架核心的把握

运行机理是组织运行过程中各组成要素的结构、相互关系及作用，以及这些因素如何相互协调配合以产生影响、发挥其作用的整个运行过程和规律。地方财政部门充分借鉴企业内部控制的核心要素，并融合于整个地方财政管理的全过程，形成了包括地方财政部门发展战略目标设定、风险甄别、风险控制以及监督评价等关键环节在内的地方财政部门内部控制动态循环系统。推导演绎地方财政部门内部控制的运行机理，可以明晰各要素之间的联系，更好地把握行政单位内部控制的作用规律。

内部控制是众多要素按照一定的运行规律耦合在一起的整体。而这些要素之间的构成方式进一步决定了内部控制的内容与形式。到目前为止，对于地方财政部门内部控制的核心要素问题，仍然没有规范性的结论，不同身份的学者从自身的角度形成了不同看法。因此，为了更好地将组织形式与企业内部控制理论进行衔接，可以借鉴有关企业内部控制要素与组织管理相融合的创新方式，将企业内部控制的核心要素与地方财政部门层面的环境优化和作业层面的流程规范相融合，这样既有利于内部控制理论在地方财政部门的延伸和扩展，同时也将内部控制理论的重要内核与地方财政部门的管理特质进行了有效的契合，实现了内部控制的创新和发展。

一、内部环境

在我国，对于内部环境的不同理解散见于各组织机构的相关规定之中。《上海证券交易所上市公司内部控制指引》将企业的内部环境看作公司的组织文化以及其他影响员工风险意识的综合因素；《深圳证券交易所上市公司内部控制指引》则将内部环境定义为影响公司内部控制制度制定、运行及效果的各种综合因素；《企业内部控制基本规范》中的内部环境被看作企业实施内部控制的基础。由此可见，尽管不同机构与主体关注内部环境的侧重点存在一定的差异，但是也有相同之处，那就是将内部环境视作联系的桥梁和纽带，所有的其他因素都与内部环境产生关联。

基于此，地方财政部门内部环境可以被宽泛地理解为对地方财政部门的整体工作程序和运行效率产生重要影响的各种要素。根据地方财政部门的行政管理特点和财政运行规律，地方财政部门内部环境应当包括组织机构设置、组织发展战略目标、行政单位的核心价值取向和组织文化、人力资源政策等。这些在组织范围内和全体成员之间所形成的整体氛围就是内部环境。这种软约束氛围为组织所有制度的合理设计与高效执行提供了一种可以依赖的基础。它决定了组织内部控制的格局，对风险评估、控制活动、信息沟通等其他要素有着广泛的影响，是内部控制最基本的核心要素。

地方财政部门的组织结构表现为地方财政系统各组成部分的层级划分、空间与位置、排列秩序、信息传递方式以及各要素之间的相互关系，具体包括由工作职位、职能处室、层级结构组成的整个组织系统。财政部门一般内设预算处、国库处、会计处、行政单位采购处、财政监督检查处、机关党办等党政、纪检及具体业务活动处室。各级地方财政部门的单位责任人负责本部门的全面工作安排，各管理部门负责人承担其所在职能处室的管理职责。同时，建立了相对独立的决策机制、执行机制和监督机制，形成了相互牵制、有序运转的财政管理系统。地方财政发展战略目标是以地方经济发展的现状水平和未来经济走势为重要依据，结合地方财政实际工作情况和地方财力状况而制定的未来一定时期内的地方财政部门的发展规划，为各部门的业务管理和具体活动提供发展方向和工作指南。

在市场经济条件下，行政单位对公共事务进行治理，履行公共受托责任，为整个社会的进步和经济的迅猛发展创造一种良好的制度环境。这种环境条件就是行政单位的核心价值观。在服务型治理模式的引导下，地方财政部门必然会形成全新、明确的行政价值取向。同时，也有助于地方财政部门形成积极向上的组织文化。而组织文化就是经过长时间的发展在组织内部逐渐沉淀下来的且可以影响组织的精神财富和物质形态。它对员工的影响是潜移默化的。它通过一种无形的约束力影响员工的价值观和行为偏好，深层次地激发员工主动控制的动力，实现员工的自律和自控。与此同时，"人"的因素对内部控制的影响越来越大。国外一些相关学者将人看作内部环境众多因素当中最重要的要素。所有的工作和任务都是由人去完成和实现的。组织为了选拔优秀的员工，提拔和鼓励上进的员工，必须要制定科学、合理且在组织范围内得到高度认同的人力资源政策。

基于此，地方财政部门的内部环境为组织内部控制的建立与实施创造了一个基调和整体氛围，决定了与其他重要因素相互影响的方式，是内部控制最基础的关键要素。

二、风险评估

任何一个组织为了自身存续和发展的需要，都会设定组织未来的发展目标和方向。在实现目标的过程中，势必会受到很多不确定因素和不利条件的影响，必然会增大组织的风险。因此，风险评估就是组织在实现目标的过程中对可能产生的风险进行甄别和系统分析，并依据风险产生的根源及时采取有效措施进行预防的过程。

（一）风险识别

风险识别是当组织设定发展目标之后对可能存在风险点进行的排查工作，是风险评估工作的第一步，所有的后续环节都是以风险识别为基础而进行的，因此，风险识别最为重要。要根据组织设定的发展战略目标和具体的业务活动系统严谨地对风险点进行仔细排查。可以将风险分析看作对风险的一种定性判断，主要做法是通过对目标设定下的具体执行环节进行风险排查，对组织单位不同层面的风险点采取科学的技术和方法进行判定，并将相类似的风险归为一类，比如哪些属于自然风险，哪些应归于社会风险、责任风险和财产风险等。对于不同类型和来源的风险，其分析方法以及采取的弥补措施也不同，所以风险评估的成败就在于对于风险点的识别是否准确到位。

地方财政部门是地方行政单位进行财政管理的重要部门，承担着重要的公共管理责任。因此，地方财政部门在履行其职责的过程中同样会面临诸多风险。地方行政单位为了更好地扶持地方社会和经济发展，一般会制定发展战略规划；地方财政部门则根据具体的战略规划合理地安排财政收支活动。而在进行财政管理的过程中，诸多不确定问题的存在以及一些突发因素和不可抗力因素的影响，可能会造成财政资金的损失和财政收支的失衡；如果风险不能得到有效控制，还可能危及地方政权以及社会的稳定。因此，应当充分结合地方财政部门的行政管理特点和业务运行规律，从源头上对风险进行有效甄别。具体而言，地方财政部门所面临的风险可以划分为单位层面风险和作业层面风险。之所以进行这样的划分，是因为风险的来源不同其识别方法与应对策略均有所不同。

（二）风险分析

风险分析是在风险识别的基础上，对识别出来的组织单位可能存在的各种风险进行的更深层次的分析，运用科学的方法和技术深入分析判断各项风险发生的概率及其影响程度，为风险应对提供充分的依据和结论支持。风险的影响程度主要是指由风险产生的一系列问题，或是受一些因素的影响而出现的不足；风险发生的可能性就是风险可能发生的等级；风险的性质则表现为风险中主观的程度、风险是否来自欺诈行为或是否来自复杂的、不正常的交易。进行风险分析时，可以单独分析每项风险，也可以将相互联系的风险放到一起来研究。在分析风险的影响程度时，无论是以个体的或是集合的形式来分析风险，都要明确，不同的风险之间可能会存在一定的联系，所以，组织单位还应当重点关注风险之间的关联性和整体特征。

风险分析方法要结合组织机构设置、制度安排的不同以及风险来源的差异进行严谨的选择。地方财政部门的风险首先来自目标的确定，发展战略目标定得过高或过低都会产生风险，因此，应运用科学的方法对发展战略目标进行风险分析。基于发展战略目标，财政部门的风险要从单位层面和作业层面的不同视角进行有效的甄别。从单位层面来说，一般进行定性分析，主要以问卷调查、座谈会或是面对面交谈等方式来收集员工对于风险的认同程度以及在工作中规避风险的主动性，在此基础上，由专家或风险评估机构进行风险等级评定；而从作业层面来说，则往往采用定量分析的方法，运用具体的数据模型，以大量的统计资料为依据进行定性研究，将风险的影响程度进行量化，以减少人为因素的影响，形成客观的定量分析结果，然后与定性风险分析相结合，得出风险分析的最终结果。

（三）风险应对

在有效识别组织部门的风险之后，应当根据风险来源的不同及影响程度的差异，及时采取必要的措施，对风险进行有效防控。对于一些高风险的活动可以直接采用风险规避的方式，这是降低风险最有效、最直接的方法。组织可以重新设定发展目标，并以此为基础制定各部门的具体目标和执行计划，提高限额标准和制度，这样可以避免风险比较高的业务活动的发生。对于组织能力范围内可控的风险可采用接受风险、维持现状的方式来控制，这些风险的波及范围相对来说比较小，即使发生，组织也有能力应对和处理这类风险。因此，这类风险一般在组织可承受的范围之内。而对于风险比较高的活动，可以通过设置完善的流程和审批制度，以及对员工进行业务操作规范的培训等方法来防范风险，并把风险尽可能地控制在组织能力范围以内。同时，向领导汇报工作时，应当尽可能地掌握更多的信息，提供更完备的能够证明业务进展的各项资料，使领导者或管理者在进行决策时可以得到充分、翔实的信息。对于一些经营性业务活动，组织则可以通过风险分担的办法将风险转移到不同的部门和机构。

三、控制活动

在明确组织内部控制目标的基础上,结合风险评估结果对各项风险进行有效的控制,从而降低风险发生的可能性,为组织目标的实现提供合理的保证。有效的控制活动不仅可以帮助组织单位及时应对风险,还有助于充分贯彻与落实组织各项政策和规章制度。因此,地方财政内部控制的全过程就是对已识别的各项风险进行控制的过程。具体而言,控制活动主要通过相应的政策和各项规范的工作程序来进行。政策确定应该做什么,程序确定应该怎么做。在研究控制活动时,应当结合组织部门的管理特点和业务活动的运行规律,制定相应的政策和程序。

政策是组织单位为了实现组织目标和规范管理而制定的标准化的行动准则和工作方式。地方财政部门的政策一般包括财政和税收制度、国库管理政策、社会保障政策、人事政策、行政单位采购政策、会计管理政策、资产管理政策等财政性法规政策。这些政策为规范财政管理创造了刚性的制度约束,也为各部门更好地执行各项任务指明了方向。政策一般以文件通知的形式在不同层级之间进行传达,然后由各部门内部会议或口头沟通的方式进行员工间的交流。在整个政策传达的过程中,员工受到自身理解能力和信息沟通的影响,可能会出现政策理解上的偏差。因此,还需要利用具体的工作程序来进一步强化政策的落实和管理。

程序是人们执行组织制度政策的具体行动,也是为进行某项活动或过程所规定的具体执行方案。任何一件事情的完成都需要按照流程有条不紊地进行,而程序就是帮助各项活动顺利进行的最好的途径。一般来说,对于不同的活动,应先制定合理的政策,然后在政策的指引下根据各项工作的具体环节和流程安排形成稳定的具体行动步骤,即程序。因此,政策和程序密不可分,政策是程序的基础,而程序又是对政策的具体细化和执行。地方财政部门是地方行政单位进行财政管理的重要机构,各项工作的具体开展都离不开规范的程序管理。只有制定了规范的工作程序,才能提高财政管理效率,减少人为因素或员工自身能力不足带来的不利影响。比如,一些地方财政部门制定了财政投资政策,为了有效落实和执行这些政策制度,单位组织并细化了财政投资评审工作程序,对按照预算安排的投资项目进行严格的评审,凡是无预算的项目,一律不安排评审。通过有效地执行程序,既避免了财政资金的浪费,也有效地预防了管理风险。

政策和程序是组织管理的有效方法和途径,而且二者有着紧密的联系。如果政策发生改变,程序也必然要随之进行调整。因此,组织采取有效措施进行风险防控时,应当将政策和程序充分结合,既要考虑政策的合理性,也要注意根据政策制定的具体程序能否有效地推行。

四、信息与沟通

财政信息是有关各项财政工作的执行状况、文件资料、原始记录、凭证和数据等内容。及时了解和掌握财政信息是有效执行工作的前提条件和重要保证,也是决策层对组织重大问题和事件做出决策时的重要参考。而信息依据其不同的来源方式可分为正式信息和非正式信息。一般而言,以私人关系和朋友交情获得的非正式信息传播速度快,以沟通情感为主,可作为正式信息的一种参考;而正式的信息一般通过正规的工作程序获得。信息依据不同的信息载体可分为外部信息和内部信息。外部信息主要来自组织系统之外,具体包括国际国内经济环境、社会经济体制改革、各项行政单位政策、社会经济形势、其他政策部门等相关信息;而内部信息则包括会计凭证、文件记录、财政报表等客观信息,以及加入主观因素的决策信息、指令信息和目标信息等。

每一个组织都是由各种要素组合而成的复杂系统。组织在运行的过程中,之所以能够抵御外界风险并迅速恢复平稳运行,是因为建立了一套及时获得、掌握、收集、传递和沟通信息的方法。地方财政部门也依靠建立起来的信息沟通渠道,将各项财政管理活动的有关讯息在不同层次之间及时、有效地传递。同时,财政部门与组织外部各级行政单位部门、企业、财会监督部门、个人和新闻媒体之间充分、及时地沟通和反馈,为各项业务的顺利进行提供了重要的保证和条件。

财政信息沟通和收集的主要渠道包括组织内部报告和财税信息系统。为了更好地向上级领导汇报财政资金的使用情况、各项业务活动的进展程度等相关信息,需要将有用的信息以文件和报告的形式清晰明确地反映出来。因此,内部报告是相对正式的信息传递方式。准确地编制各项报告和文件有助于财政信息在不同部门和管理层级之间的有效沟通和传递，也为领导层做出正确的决策提供了真实可靠的依据。因此，内部报告的最大作用是将内部控制的相关信息整合成符合内部管理需求的信息，提炼出最关键的信息要素，从而提高信息的准确性。组织还可以利用已经建立起来的汇报程序，使不同的职能部门和处室之间及时交流，传递有用的信息。在信息的沟通过程中，管理者可以将内部控制责任分配给关键岗位的员工，使员工在完成工作任务的过程中自觉、主动地执行内部控制，并将业务进展的相关信息向管理层领导汇报。同时，管理层获得来自操作层面的客观信息，并对这些信息不断进行加工处理，产生决策层需要的指标信息，将有用的信息向上汇总，则能帮助管理者做出正确的裁断。

同时，由于财政信息化程度的提高，财政信息系统也成为信息沟通不可或缺的有效途径。现阶段，地方财税信息系统是一个三纵三横结构的信息网络。其中，纵向三级包括中间的省级财政信息系统，上联至财政部网络信息中心，下联到各市、县区财政部门；而横向连接则包括各级财政预算单位、职能部门以及代理银行等组织，这些组织形成了一个覆盖范围广、涉及业务全的复杂庞大的信息系统。借助信息系统，一方面，有效提升了财政信息的传递效率，减少了人为因素在传递信息过程中可能造成的不利影响；另一方面，组织员工还可以通过财政信息系统及时与各相关部门的经办人进行沟通和信息反馈，从而实现地方财政部门与直属单位、各级行政单位部门、企业等组织单位之间财税信息的及时共享和交流。

五、内部监督

因为内部控制是一个动态的过程，所以内部监督就是对整个内部控制过程的全程跟踪和监控，可以及时发现管理过程中的问题，并运用有效的方法和措施予以纠正，使内部控制制度不断地得到完善以达到更好的运行效果。如果组织未进行有效监督，出现的问题就得不到及时纠正，就会造成后续环节的连续失误，内部控制将流于形式，失去它应有的作用。因此，只有进行行之有效的内部监督，对内部控制的实施过程进行评价，才能及时地发现内部控制的薄弱环节，采取有效的措施予以弥补，从而不断完善内部控制制度，提高内部控制的有效性水平。一般来讲，应根据内部控制的要求，由专门的监督检查机构来具体负责组织的内部监督和评价工作。内部监督主要对组织各职能处室的财政收支计划执行、预算管理、财务会计信息、内部控制制度等所有财政管理活动的进展情况进行监控。

内部监督与其他的控制要素之间有着紧密的相关性。地方财政部门的组织结构设置以及各个岗位的具体职责分工、组织文化的建设、员工的内部控制意识、人力资源政策等因素所形成的良好的工作氛围和内部环境，是财政部门内部监督得以顺利实施的环境基础。比如，组织各职能部门的管理层将内部监督的重要性在部门范围内进行广泛传达，有利于各科室和业务经办人配合监督部门的定期检查和监督工作。另外，监督部门对于业务活动所提供的定期检查可以及时发现问题并进行修正，为实现地方财政部门的发展战略目标提供必要的保证。同时，组织进行的风险甄别和风险分析可以为监督部门进行检查监督提供明确的目标，监督者可以根据风险的不同，进行有针对性的监督，对于风险等级较高的业务活动进行重点检查和监督；对于一般性风险，可以进行日常监督检查。也就是说，组织依据得出具体的风险评价结果，并及时采取有效控制措施加以防范，再通过监督部门对风险评估的准确程度和控制活动的有效程度进行检查评价，对出现的问题提出建设性的整改意见并进行及时、充分的优化调整，从而形成一套组合严密、运行高效的控制循环系统。

另外，内部控制监督机构通过汇报程序也能获得来自管理层和员工的有用的信息，这些传达到监督机构的信息主要包括来自内部控制系统的变化和日常突发的事件。及时的沟通和交流对于有效监督是非常必要的。通过对组织整个内部控制过程进行跟踪和监督，可以提高财政信息收集的准确性以及不同管理部门和人员之间信息沟通的效率水平。通过组织良好的信息沟通与交流，内部监督部门可获得实施内部控制评价所需的各种有用信息，并以此为基础展开对组织内部控制实施状况的评价，及时发现内部控制执行过程中存在的薄弱环节和缺陷，认真分析产生这些问题的原因，并将分析过程和结果通过组织内部的信息系统或以报告的形式向上级领导进行及时的反馈，决策层则可以根据实际情况制定新的政策和程序，逐步规范包括内部监督在内的各项管理工作。

由此可见，内部监督是内部控制制度顺利推行的重要保证。有效的内部监督和评价是及时发现内部控制的不足并进行纠正，以及不断完善和提升内部控制实施效果的必要环节。

第二节 目标确立与风险识别

风险往往与一定的目标相联系，风险是组织在实现目标的过程中发生损失的一种可能性。地方财政部门风险是实现组织发展战略目标过程中所承受的各种风险，风险不同，其产生的根源及应对措施也有差异。因此，有必要对地方财政部门的风险来源进行有效的甄别和分析。

一、地方财政部门风险概述

严格来说，地方财政风险不同于地方财政部门风险。辨析二者之间的关系是非常必要的，因为两个层次的风险应对措施和管理方式都有一定的差异。对于地方财政风险问题，学者们展开了广泛深入的研究，但对于什么是地方财政风险以及如何防范地方财政风险则看法不一。从现有的文献来看，大多学者以财政收支、财政赤字等一般性思路来研究，如地方财政赤字风险、债务规模等，也就是说，地方财政风险问题多与地方债务问题相关联。这些研究往往重视对财政风险表现形式的探讨，但是若要形成对地方财政风险的整体性认知，还需厘清行政单位在市场经济发展过程中的主体性质。

任何组织都会面临一定的风险，组织是风险最终的承担者。作为提供公共服务的主体，行政单位承担着依法管理国家经济、社会公共事务的重要责任。在行使权力的过程中，行政单位往往要制定各项政策和制度来实现对市场经济的有效调节和对社会的管理，保证受托责任的有效履行。因此，行政单位所承担的风险就是如何正确决策的风险，即"做什么"的风险。而这些风险与一定时期内行政单位的发展战略目标和国家制度约束下的行政单位行政管理职能相联系。比如，行政单位性债务风险、金融保险行业的不良资产风险、行政单位性担保风险等，这些风险都是行政单位作为社会公共服务的主体而必须要承担的风险，是行政单位公共责任和义务的充分体现。同时，行政单位将各项管理社会和调节经济运行的具体任务分配给各职能部门，如财政部门、司法部门、社会保障部门、教育部门等。这些部门在既定的地方行政单位发展规划和预算管理框架下，制订本部门的发展目标，履行行政管理职能，期间发生的风险都是"怎么做"的风险。比如，某行政单位部门发生意外财产损失，尽管这些风险应该由发生风险的行政单位部门自行承担，但是因为行政单位部门一般都被纳入行政单位预算管理的单位，如果某个行政单位部门发生风险，也是由财政来负担的，所以，最终的风险都将转化为财政风险。另外，除了法定的责任之外，还包括法律没有规定但是社会公众认为应当由行政单位来承担的责任，如对农村合作基金会的破产清偿，虽然不是法定的行政单位责任，但是社会公众对于行政单位有所期望，认为应当由其来承担。因此，作为公共权力的行使者，行政单位承担着社会其他任何一个主体都无法承担的公共风险，以满足社会公众对行政单位的期望，实现经济社会的和谐发展，而财政必然是最终的"兜底者"。

地方财政部门作为专门负责地方财政管理工作的特殊部门，在既定的地方行政单位发展规划和预算管理框架下，制订本部门的发展目标，进行地方财政管理活动，在此过程中形成的风险是"怎么做"的风险，在这个层次上，地方财政部门承担法定的责任和义务。本书所讨论的地方财政部门风险，是地方财政部门进行财政管理的具体操作过程而产生的风险，不涉及以地方行政单位承担的、最终转化为地方财政的公共风险。也就是说，内部控制所防范的风险主要来自地方财政部门，能够通过组织部门自身的制度优化和内部控制得以有效规避。

二、目标设定与风险管理

地方财政部门发展战略目标是以地方经济发展的现状水平和未来经济走势为重要依据制定并执行的长期发展规划。当前，地方财政部门应当将深化财政改革、完善财政政策、促进地方经济发展、提高财政管理水平作为本部门的发展战略目标。

有了目标就必然会有风险，因此，在实现地方财政部门发展战略目标的过程中，必须对所有的风险点进行排查和甄别；并在此基础上对所识别的风险采取不同的措施进行有效控制，同时，进行全方位的评价和监督。由此形成包括目标设定、风险甄别、风险控制、评价改进等重要环节在内的地方财政部门风险管理循环过程。因此，地方财政部门内部控制的目的就是控制地方财政发展战略风险，具体表现为单位层面内部控制和作业层面内部控制。

三、风险识别及分析

风险识别就是对风险点的排查和甄别，也可以视为对风险的定性判断。风险识别就是对当前或未来所面临的和潜在的风险进行判断、归类并对风险性质进行鉴定的过程。地方财政部门所面临的风险可以划分为单位层面风险和作业活动层面风险，之所以进行这样的划分，是因为若风险的来源不同，则其识别方法与应对策略均有所不同。

地方财政部门是管理地方财政资金的特殊机构，掌握着地方公共资源的配置权。由于其在履行委托代理责任时，缺乏市场竞争，加上部分法律不够完善，缺乏对其公共权力的有效制约，致使一些贪污腐败事件的发生，造成了地方财政资金的巨大流失和社会公共性资源的浪费。从单位层面来看，组织机构设置、权责分配、决策审批制度和关键岗位等方面构成了组织单位的整体约束环境。地方财政部门应当关注单位内部控制工作的组织实施情况、财政信息系统、组织文化、会计机构等关键的风险点。具体来讲，地方财政部门内部控制的单位层面的风险主要包括由于组织机构不健全、职责不明确而产生的风险；组织发展战略目标设定不合理，且与各部门具体工作目标相脱节而造成的风险；因为组织没有凝聚力、员工工作懈怠且不具备相应的工作能力所带来的不利影响等。

对于地方财政部门的作业层面的风险，应当结合各项重要业务的流程和关键环节来展开排查。具体而言，应重点留意各个主要的财政业务活动流程是否整合了全部的关键环节，员工是否严格遵循工作程序办事。地方财政部门的主要业务活动涉及财政预算管理、行政单位采购业务、财政收支业务、资产管理、建设项目以及合同管理，并且，每项业务活动必须按照规范的流程进行操作。

第三节 降低风险的控制方法

对于已识别的风险，应结合具体业务和事项，运用不同的控制方法和程序进行有效控制，以提高地方财政部门抵御风险的能力。

一、单位层面风险的控制

单位层面是组织的整体环境，其特点在于为组织内全体人员有效地执行任务创造了软约束氛围。因此，单位层面风险的控制方法是整体性、全局性的控制措施。通过对单位层面风险的有效控制，为作业层面各项具体业务活动的规范执行提供必要的支撑。

（一）目标控制

每个组织都有自己的发展目标和努力方向，对目标进行有效控制，是从总体上把握组织的发展方向，使其不偏离组织的使命，克服各种内外部不利因素的影响，以保证组织的持续、健康发展。内部控制的最终目标就是要实现组织的既定目标，而组织的目标往往是长期的发展计划，这一计划在实际执行的过程中可能会受到各种难以预测的因素的影响而发生偏离，进而造成组织发展目标的偏差。因此，只有对目标进行不断的调节和控制，消除各种不必要的偏差，才能使组织的发展始终保持正确的方向。同时，组织目标是制订各职能部门具体目标的依据和出发点，各项具体目标又是对组织目标的分解和细化，如果组织目标发生了偏离，那么各部门管理层面的具体执行目标也会随之产生偏差，最终造成组织各项管理活动的失效，还有可能引发巨大的风险。因此，目标控制是组织进行内部控制的最基础的方法，也是最重要的方法。

（二）决策控制

地方财政部门是地方财政管理的特殊机构，因此，组织部门的决策关系到地方财政系统的运行效率，而决策控制就是对组织部门领导决策层的有效控制。组织部门应当建立行之有效的决策制度，从而形成对决策层的控制。决策制度主要涉及决策的具体事项、决策程序，组织不同管理层次的具体决策权限以及决策层相关责任人的具体职责等重要内容。对于关系到组织发展的重大事项或是财政资金数额巨大的业务活动，都应当建立完善的集体决策制度，特别是涉及财政预算的具体编制、执行和预算调整等财政管理核心业务，应当由党组会议、领导办公会议和预算委员会以及相关职能部门负责人共同参与讨论决定，不能由领导层单独决定。同时，落实问责制度，形成对决策负责人的权力约束。

（三）人员控制

组织的所有任务都是由具体的人员来完成的。因此，人是组织活动中最为重要的因素。地方财政部门人员控制的主要形式包括招聘、培训、定期轮岗和绩效考核等。

工作人员必须通过严格的资格审查和公务员考试才能进入财政系统工作。因此，财政部门的人员队伍整体水平相对比较高，具备了一定的财政业务知识水平和业务能力。同时，组织部门还定期结合财政政策的调整和实务操作的变化对员工进行培训和继续教育，不断提升员工的业务水平，并通过一定的考核办法，对培训结果进行评价。另外，对员工的绩效考核是人力资源管理中一项主要的控制手段。员工也可以根据自我评价总结自己工作所取得的成绩，了解自己工作的不足之处，明确未来工作的努力方向以及需要提高和完善的相关业务知识。同时，地方财政部门会以考核结果或业绩等因素为主要依据，进行必要的职位晋升和人事调整。通过职位晋升，可以赋予员工更多的责任，为其提供充分发挥能力的更大空间，更重要的是，职位晋升极大地调动了员工的工作主动性和积极性，使员工不断提高自己的业务素质和综合能力，以适应更高的工作要求。奖励则通常是以考核结果为依据而实现的。奖惩的作用主要在于营造积极向上的氛围。

（四）会计控制

保证财务报告的真实可靠是内部控制的重要目标。因此，加强会计机构建设，提高会计人员的业务水平，完善会计控制有助于提高财政资金的管理效率。会计控制是会计机构利用会计信息对财政资金各项活动进行的有效控制。具体而言，会计控制是会计机关部门及人员依据国家相关规定以及财政管理的财务制度，对财政预算收入、预算支出以及往来资金等财政资金活动所进行的监督指导和约束管理，从而保证财务报告的真实可靠，实现财务管理的最终目标。会计控制是地方财政部门财务管理的重要环节，也是加强组织部门内部控制建设的有效措施。会计控制的主体是组织单位的会计机构以及利用会计信息对各项财政资金活动实施控制的其他业务部门；会计控制的客体就是所有的财政资金活动，包括财政资金的筹集、使用和监督。会计控制是对内控制与对外控制的结合，它以会计部门的自我控制为中心，通过对其他关联部门财政资金业务活动的外部控制，形成涵盖整体组织的会计控制网络，从而有效地提高组织的财务管理水平。

（五）授权审批控制

地方财政部门设有不同的管理层次，各层次都在授权范围内行使相应的职责。授权审批控制就是对组织部门各岗位的具体授权范围、业务审批程序以及相应责任的具体规定，并制定组织部门的常规授权和特别授权的相关权限指引，明确常规授权的范围和权限，严格控制组织范围内的各项特别授权。常规性授权就是针对组织部门日常业务的管理活动，遵照组织既定的管理层次安排和职责分工进行的授权，主要集中在日常的、常规性的一般业务活动上；而当组织发生重大事项或出现特殊情形时，根据业务需要而产生的授权就是特别授权。对于重大的经济事项和业务活动，组织应当实行严格的集体决策审批制度，或者由党组成员、领导班子成员以及各部门负责人共同签名进行决策或审批，而不得由个人单独进行决策或审批。由此可见，授权审批控制就是对组织内部不同管理层次岗位的授权范围和岗位责任、具体权限以及具体的授权程序等重要内容的控制。通过建立健全授权审批制度，组织单位的各个管理部门才能明确职权范围，不越权审批，从而更好地履行受托责任。

二、作业层面风险的控制

作业层面风险是各项业务活动的具体操作环节中所产生的风险。一般来说,作业层面风险的控制以流程控制、不相容职务分离控制、会计控制等控制活动为主。

(一)流程控制

流程控制就是在组织授权审批制度的约束下,对各项业务活动的每个关键环节所实施的有效控制。财政部门的主要业务活动包括财政预算管理、行政单位采购、财政资金管理、国有资产管理等,每项业务活动都有完整的流程,因此,可以对业务流程进行有效的控制。

以行政单位采购业务为例,采购预算与计划编制环节应当对各采购部门提交的采购项目的合理性、预算标准的合规性等相关问题进行仔细的审核,并严格按照程序进行审批;在采购过程中,对供应商的资质审核、采购方式的具体确定以及采购合同的签订等重要流程实施的控制可以有效地预防执行环节中的风险;对采购物品的验收,则可以通过组建验收小组、明确具体的职责分工以及进行物品质量的技术测试等方法来进行控制;在最后的付款环节,也同样需要进行相应的过程控制,应明确付款审核人的具体责任和权利,严格审核采购合同约定的付款条件、采购发票、物品验收报告等相关资料的真实性、完整性和合规性,确认审核无误后按照合同规定及时办理付款。

(二)不相容职务分离控制

组织的各项业务活动都是由具体人员来操作和完成的,而且实际工作过程中往往需要不同层次、部门以及员工之间的相互协同和配合,因此,一项重要的业务活动需要依靠不同人员之间的相互牵制来实现有效控制。比如,单位现金的支付和保管由出纳具体负责,而票据管理、会计档案管理以及会计对账业务则应当由出纳之外的其他会计人员来负责,从而实现对相关人员的相互牵制。如果由一个人来承担现金的支出保管以及对账业务,由于缺乏有效的约束和牵制,相关人员很可能监守自盗,出现不法行为。所以,合理情况应当是由不同的人员分别负责具体经办、会计信息的记录以及资产保管工作。由此可见,以单位层面合理的机构设置和职责分配为前提,不相容职务分离控制也是作业层面内部控制的重要手段。

（三）预算控制

财政预算管理是地方财政部门重要的业务活动。因此，预算控制是最基本的控制方法之一。控制过程的起点就是编制预算，把各单位的财政收支计划凝练成一些确切的数据信息，可以清楚明了地反映出资金的具体安排和分配情况，使财政部门能够从总体角度平衡各部门之间的关系，从而更好地进行财政资金的分配，为地方经济发展和社会进步提供有力的资金支持。预算执行控制就是对财政预算的具体落实情况进行的监督。通过对各预算单位预算收入和预算支出的执行进行定期检查，掌握相关的动态信息，对发现的问题及时予以纠正和调整，从而提高预算执行效果。预算决算和考核则是对预算最终实施结果的评价。由此可见，预算控制的意义在于对财政预算资金活动的全过程进行监督和控制。通过对各个部门的预算控制可以实现地方财政部门的纵向和横向管理，为地方财政部门协调各项活动提供良好的基础；同时，也可及时纠正在执行过程中发现的问题，从而保证预算预期结果的实现。

（四）单据控制

单据是进行货物交付和货款支付时，提供给交易双方的一种凭证和依据。财政部门根据国家有关规定以及财政管理的要求，结合预算管理、行政单位采购管理、财政资金运行等各项具体业务的特点，制定了相应的流程规范。由于业务活动各流程之间存在一定的关联性，组织部门的相关工作人员在进行具体业务操作时应当查实之前业务流程的相关单据和表单，同时，应根据业务程序要求，完成本环节各项表单的填报，从而真实记录和反映相关的信息。而业务活动终了时，还要将整个业务活动的所有单据进行核实并进行归档保管。因此，单据承载着各业务活动的具体信息，是客观真实的依据，通过单据控制可以实现对业务活动各关键环节和流程的跟踪和监督。

（五）财产安全控制

控制活动的各种政策和程序必须以确保组织财产和记录的安全、降低损失和资产误用的风险为目标。在实际业务操作的过程中，各职能部门及人员都有责任和义务保护组织单位的财产安全。比如，会计部门应当确保财政资金的安全。涉及财政资金的业务产生后，应当及时做好会计记账工作，尤其是针对现金业务、银行存款业务等更应当做到日结日清，以保证现金资产的安全和正常周转。资产管理部门在日常管理过程中也应当结合资产的使用、处置等业务对组织内部各项资产进行定期或不定期的资产盘点，保证资产账实一致，及时掌握资产的收发、结存情况，从而加强国有资产管理，确保资产的完整和安全。同时，管理部门要保护好各种记录和文件，使其免受物理损害，个人只有在授权范围内、出于岗位工作的需要时才能接触相关记录。同时，信息部门则要对电脑记录定期做备份，并制定计算机环境下的数据灾害恢复计划并进行测试，对发现的不足立即采取行动进行补救，从而确保信息数据的安全。

第四节　常态监督与过程评价

认识上的局限性、实际情况发生的变化或员工自身的不足，可能会使内部控制与预期之间产生偏差。同时，地方财政部门组织发展所带来的组织结构、员工素质、财政信息化程度的变化都会影响内部控制的实施效果。因此，通过对组织内部控制进行有效的内部监督和评价，能够及时发现内部控制的薄弱环节并及时纠正，从而不断提升内部控制的有效性水平。

一、内部监督机构及其职责

根据内部控制的具体要求，应当由独立的部门来负责监督评价工作。因此，地方财政部门应当设置专门的内部控制监督机构，从地位上保证其独立性，并明确各相关部门或岗位在履行内部监督职责过程中的责任和具体分工，同时，按照内部控制的程序要求对组织部门内部控制的实施状况进行有效的监督和评价。

（一）主责部门

为了确保组织部门监督和评价工作的公允性和有效性，组织应当建立内部控制领导小组或专门的内部监督部门，以保证其工作的独立性。作为单位内部控制的最高指挥机构，内部控制领导小组全面负责内部控制监督评价的相关工作及各项评价方案的具体设计与实施。其职责主要包括：批准单位内部控制规范实施方案，带头学习内部控制相关理论知识，负责批准风险评估工作方案，决定单位风险管理中的重大事项，指导和监督组织范围内各部门内部控制的具体执行工作。同时，重点承担组织部门内部控制的监督和评价工作，制定内部监督的行动方案，确定监督检查的具体方法，测试评价的具体范围以及频率。

（二）内部审计部门

内部审计的主要作用就是评价组织内部控制的效果，其本身也是内部控制的重要组成部分。内部审计的作用在于通过对组织的各项业务活动的真实性、合法性进行监督审查，并对内部控制的实施效果进行分析，从而及时发现组织的各项业务活动及内部控制实施过程中出现的薄弱环节，并采取有效措施予以解决，提高组织的管理效率。内部审计，就是对组织单位内部控制制度的建设情况以及内部控制的具体执行落实程度进行监督和评价，了解各项制度是否按照内部控制设计有效执行，据以确定组织单位的各项业务活动是否合规，所有的会计信息是否真实可靠且如实地反映在组织部门的财务报告中，以及组织部门是否存在重大的管理漏洞，从而可以对这些问题有针对性地进行深入监督检查。因此，内部审计部门可以定期检查组织部门的管理制度建设，了解各项业务工作的进展，以及组织单位内部控制的岗位设置及责任落实情况，并针对发现的问题提出具体的整改意见。

（三）配合部门

内部监督是一个需要组织单位不同的职能处室共同参与的复杂工作。不仅内部控制的评价机构和内部审计机构需要承担相应的职责，组织内部任何一个职能处室在内部监督过程中都同样应当承担对本部门的监督职责。比如，财务部门对本部门的资产、采购、合同等业务具有监督职责，财务部门内部的会计岗位和出纳岗位也具有相互监督的职责。纪检监察处负责监督单位现金、银行存款、银行账户、票据管理等工作，并负责监督本单位财政资金的收支工作，另外，还要受理有关财政资金收支的举报等工作。同时，各部门在工作的过程中所进行的流程监督为内部评价机构的监督工作提供了良好的基础和依据。

二、日常监督与专项监督的结合

内部监督应当遵循一定的程序。内部控制监督主体应当与内部制度设计主体和执行主体相分离，地方财政部门应当指定专门的内部控制监督机构或内部控制评价小组来承担监督责任，并明确内部控制主体的具体责任范围、工作权限、与各部门之间的沟通方式、收集信息和证据的途径以及需要填写的各种报告等。然后对组织部门内部控制制度的建设情况以及各职能处室内部控制的执行效果进行检查，收集来自各部门的相关信息和资料证据，并提炼整理有用的信息，发现内部控制实施过程中的薄弱环节。在此基础上，进一步分析问题产生的原因，并根据内部监督的分析结论对内部控制缺陷进行等级界定，并向决策层报告内部控制缺陷。对于重大缺陷，内部监督机构有义务直接上报给上级财政部门。上级财政部门应当对此做出正确的引导和指示。最后，对于通过内部监督发现的问题和缺陷提出整改意见并实施相应的整改措施，不断提升内部控制的有效性水平。

在通常情况下，内部监督的具体模式主要有两种，即日常监督和专项监督。日常监督主要集中于组织部门的业务层面，是组织对内部控制执行情况进行的常规性检查，主要是在职能部门自我检查的基础上进一步掌握该部门内部控制执行的相关资料，监督业务活动的完成情况，从而及时发现不足和问题并予以纠正。专项监督则是有针对性地对内部控制实施过程中的某个特殊方面或发生的重要情况而进行的不定期检查。专项检查的范围、时间以及频率要以组织内部控制风险评估以及日常性监督的结果为参考来具体确定。比如，组织单位发生重大的人事变动、业务流程进行细化、财政体制出现重大改革、组织环境发生变化时，都应当引起监督部门的高度重视，因为这些变化可能带来相应的风险。因此，审计部门依据日常监督的结果，对风险较高而且较为重要的项目进行专项监督。

由此可见，日常监督和专项监督之间有着重要的联系。前者是后者的基础，后者是对前者的有效补充和强化。因此，组织部门应当将日常监督和专项监督有机结合起来。同时，如果组织部门认为在实际工作中，根据业务活动的进展情况有必要经常进行专项监督，那么也可将专项监督融入日常监督之中。二者的充分结合能够确保组织内部控制在一定时期保持其有效性。另外，内部监督的结果还要结合内部控制评价来进行，通过对内部控制执行效果的有效性分析，找出内部控制的不足和缺陷并根据评价结果进行纠正；然后重新设计内部控制制度，再执行和落实新的制度。内部控制就是这样在一个不断循环往复的运行机制下实现自我完善和持续改进的。因此，地方财政部门内部控制体系要得到充分有效实施，就必须构建一个科学、合理的内部控制监督和评价体系。

三、内部控制评价及缺陷认定

组织部门在发展和存续期间，外部环境不断发生变化以及组织内部自身条件的改变，势必会对组织的内部控制系统产生一定的影响，组织要想维持内部的稳定，就需要对组织内部控制制度的实施效果进行评价，从而充分了解内部控制对于风险防范的有效程度以及内部控制的薄弱环节，并及时予以纠正和弥补。因此，组织应当由专门的内部控制评价机构进行内部控制实施效果的评价和监督工作。在具体评价的过程中，需要遵循一定的评价程序，并对内部控制缺陷进行认定，而这需要内部控制评价人员充分运用内部控制的相关知识及职业技能进行判断。

内部控制缺陷是组织内部控制的运行过程中存在的薄弱环节和不足。依据不同内部控制缺陷的严重程度，可将其划分为重大缺陷、重要缺陷和一般缺陷。具体而言，重大缺陷是最为严重的情形，往往是多个控制漏洞的组合。当出现重大缺陷时，组织发生风险的可能性很大，继而使组织的发展方向严重偏离之前设定的组织控制目标。重要缺陷的严重程度比重大缺陷要低，主要是指一个或多个一般缺陷同时发生的情形，但可能对组织单位产生不利影响，使组织偏离控制目标；而一般缺陷则是指严重程度最轻的缺陷。

内部控制缺陷认定主要包含三个部分，即内部控制缺陷的重要性和影响程度认定、财务报告内部控制缺陷认定，以及非财务报告内部控制缺陷认定。

对组织具体的控制而言，组织偏离控制目标的程度越大，内部缺陷的影响程度就越大。而财务报告内部控制则是为实现财务报告目标而进行的内部控制，具体来说，财务报告内部控制目标就是要充分体现组织单位财务报告编制的真实性与可靠性。因此，财务报告内部控制的缺陷主要是指不能充分确保组织财务报告真实可靠的内部控制设计和运行缺陷。除财务报告目标之外的其他重要目标，如组织财务资金效率目标、各项资产安全目标、组织经营目标、合法合规目标等都是非财务报告内部控制，对这些目标造成的不利影响就是非财务报告的内部控制缺陷。

内部评价的结果最终要以内部控制评价报告的形式反映出来。内部控制评价报告根据需求的不同分为对外报告和对内报告两种。对外报告主要是满足外部监督者对组织信息披露的具体要求而编制的报告，具有一定的强制性且要符合相应的具体要求；而对内报告的编制主要是向组织决策层和管理层提供充分的信息和证据，从而使决策层更好地了解和掌握本部门内部控制的实施效果。因此，对内报告的随意性比较强，评价时间和频率都由组织自行决定。评价报告的重要内容包括：组织部门评价小组关于内部控制报告的真实性、可靠性声明，内部控制评价的具体测试范围、测试方法，详细的程序设计以及整个内部控制评价工作的具体分析情况，测试中发现的内部控制薄弱环节和不足以及内部控制缺陷的认定情况，对于重大财政风险拟采取的各项弥补措施及其理论依据和现实条件，以及对于组织内部控制有效性的最后判定结果等。

第七章　行政单位内控建设的七大细节

众所周知，财政部门作为其他行政单位财会风险的最终承载者，必然有预防财会风险的"法宝"，即内控建设的七大细节。以财政部门为例，掌握使用该"法宝"的秘诀，将有利于推进行政单位的内控建设。这七大细节分别是：单位层面内部控制建设、预算业务控制建设、收支业务控制建设、采购业务控制建设、资产管理控制建设、建设项目控制建设和合同控制建设。

第一节　单位层面内部控制建设

建立有效的内部控制制度，有助于提高地方财政部门的管理水平、有效防范地方财政风险，也有助于我国社会主义公共财政框架的建设。因此，应立足地方财政部门内部控制的理论分析和现实考察，从地方财政部门单位层面的整体优化和作业层面的流程规范角度提出完善内部控制的优化设计方案。

地方财政部门单位层面为组织的正常运作和发展提供了一种稳定的环境，并且这种环境会长期影响组织成员的工作效率和作业层面的具体操作。单位层面的优化对组织内部控制的实施和执行起着至关重要的作用。因此，应结合当前地方财政部门单位层面存在的问题，进一步优化单位层面的整体环境，从而助力作业层面各项业务的规范执行。

一、健全地方财政部门组织架构

组织架构作为地方财政部门内部环境中最为基础的制度安排，主要包括单位决策层、管理层、业务层的机构设置及其具体的职责分工，单位的人员编制情况，各项工作的详细操作程序等重要内容。因此，完善的组织架构是实施内部控制的必要条件。

（一）健全机构设置

根据权责清单的要求，设置审计委员会、党委纪检和监察机构，并组建地方财政部门内部控制机构。审计委员会隶属于预算委员会，主要对本部门以及直属单位的预算编制执行情况、财务报告的信息披露进行必要的监督检查；党委纪检部门负责对党员的日常工作生活进行监督，严格党内纪律约束，进行党风廉政建设；监察机构主要对本部门全体公务人员进行监督检查，保证政令畅通，促进公务员切实履行职责，克己奉公，廉洁自律，依法照章办事，勤勉、高效地完成组织交办的各项工作，切实做到利为民所谋。内部控制机构全面负责单位的内部控制工作，通过对组织内部控制实施状况进行必要的监督和评价，及时发现内部控制的不足之处和薄弱环节，并采取措施进行纠正或完善，不断提升内部控制水平。

（二）明确岗位职责

岗位责任制是明确各科室工作中的总体职能、具体职责和职位的说明书，将各组成科室以及具体岗位的职责、任务、目标等指标具体化，并明确责任落实制度。通过建立岗位责任制，使每个员工明确自己的具体职责，做到各司其职。组织部门应当根据组织机构设置的具体情况，结合地方财政部门发展战略目标，明确各部门及相关工作人员在内部控制中的具体责任。例如，预算部门应该根据财力的实际情况，适时对各部门预算支出的定额标准进行调整，提出符合部门实际情况的单位分类分档方案，同时，对既定政策进行梳理；监督部门则主要对组织部门及直属单位财政政策的落实情况和资金使用运行状况进行专项督查，同时，进行内部审计，对专项资金的使用和效益进行评估，明确代管资金、现金收付、财务核算等方面存在的问题，并督促其加以整改。同时，岗位责任制也可以作为参照指标，对部门以及机关工作人员进行绩效考评。

（三）完善决策机制

根据各项决策事项具体性质的差异，可将决策机构分为党组会议、领导办公会议和预算委员会。党组会议主要负责贯彻上级部门的决策、指示和工作安排，制定组织范围内关于党的思想、组织、制度、作风建设和反腐倡廉方面的重要实施方案，以及与领导办公会议共同研究审定拟上报上级部门的所有重要请示、报告。领导办公会议成员由地方财政部门的主要领导组成，并全面负责组织部门重大事项的决策工作，如地方财政部门的年度工作计划、研究制定财政管理工作的规章制度、制定本部门的内部控制、重要的人事任免政策等。同时，拟上报的各项请示和报告均由党组会议和领导办公会议共同决策。预算委员会则由领导班子成员、财务部门及其他职能处室的相关负责人构成，具体负责对组织机构及其直属单位的财政预算管理和预算资金的拨付、使用等重大项目进行决策。

二、组织发展战略目标的明晰

地方财政部门的发展战略是指地方财政部门在未来一定时期内所要达到的总体目标，可细分为具体的定性目标和定量指标。把握战略目标的客观基础，对制订地方财政部门的发展战略目标至关重要。就地方财政部门而言，制订客观翔实的发展战略目标主要依据以下三点：

（一）以实现总战略目标的整体需求为先导

地方财政总战略目标可以客观地反映地方财政收入预期将达到的整体规模和增长速度。当经济效益持续提升时，财政收入增长率就会有所上升。当前，地方经济发展有所放缓，地方财政收入势必会有所减少。因此，地方财政总体发展战略会依据经济发展形势进行适当的调整。那么，地方财政部门的发展战略目标应当与总战略目标步调一致，进行相应的修正和完善。脱离总目标继续执行原来的设计会导致财政支出的过快增长，甚至出现财政风险。因此，地方财政部门发展战略目标所涉及的财政支出计划要明确着力点和重点指标，切不可粗放增长。同时，还要结合国民收入和社会总产品分配过程的大趋势设定战略目标。当国民收入与社会总产品分配过程发生变化时，地方财政部门发展目标也必须随之进行调整。

（二）以加强服务型行政单位建设为落脚点

服务型行政单位建设，实质上就是由过去单纯的行政管理向以公民的意愿和利益为中心、公平公正的服务型行政单位转变，提供更加优质、多样的公共服务，从而形成先进的、符合时代发展趋势的行政单位行政价值取向。作为一种新的行政单位行政模式，当今社会价值的多元性使得服务型行政单位同样呈现出多元性特征和价值，如公平、民主、效率、平等、责任、公共利益等元素并存的行政模式。服务型行政单位的核心价值则尤为重要，任何公共行政理论与规范都需要可以领导行政单位决策与行动规范的核心价值，唯有如此，才能把握好服务型行政单位的内在要求，使行政单位依照"规范性标准"行政。因此，服务型行政单位的核心价值取向不仅能反映出构建和谐社会的价值定位，而且体现了对社会发展内在价值尺度的衡量。地方财政部门的发展战略目标就是要建立服务型行政单位，为社会公众提供更好的公共服务，履行公共受托责任。只有不懈地追求行政正义的民主价值，才能使地方财政部门在行政管理过程中将维护人民利益和维护人的尊严作为最基本的一项义务，建设以正义为核心价值的服务型行政单位，使行政过程在法制的框架内进行，在公共利益与不同的私人利益之间进行博弈，最大限度地避免人为因素对公共服务造成的不利影响，最终实现公共财政的发展目标。

（三）以有效防范财政风险为原则

随着地方行政单位职能范围的不断扩大，地方财政支出规模日益增大，进一步加剧了地方财政风险。行政单位是社会风险的最终承担者，所有的风险都有可能由于发生风险的组织部门自身无法承担而转嫁给行政单位，而财政部门则负责最后的"兜底"工作。因此，地方财政部门应当以防范财政风险为原则，立足财政的特殊职能，加强财政部门内部控制的建设，在提升自身防范风险能力的同时，将风险管理意识贯穿落实到与其他各级行政单位部门、企事业单位以及银行金融机构的业务往来中，从而积极地影响和引导其他组织部门加强风险的自我防控。通过这些组织的自我风险管理，有效降低该组织发生风险的可能性，进一步规避地方财政风险，从而达到防范风险的目的。因此，脱离财政的风险管理原则而制订战略目标，既不可行，亦不长久。

综上所述，财政部门制订发展战略目标时需要综合考虑以上因素。同时，战略目标是一种对未来的预期，地方财政部门在进行财政管理的过程中，还应当结合各种因素的变化适时调整战略目标，进行有效的目标控制，从而降低财政风险，最终实现财政的发展战略目标。

三、构建组织文化和完善人力资源管理

（一）组织文化建设

比较而言，内部控制是有形的，多属于刚性他律；而组织文化是抽象的，且多为弹性自律。内部控制制度既是组织文化的工具，又是组织文化的产物；组织文化作为内部控制的灵魂，是内部控制的有力支撑。同时，组织文化的构建与内部控制的有效实施具有高度统一性，二者是相辅相成的。一方面，刚性的内部控制系统有利于维护正常的内部控制秩序，有利于对员工进行与内部控制效果量化相关的管理，具有抑恶扬善、正向强化的作用；另一方面，软性的组织文化可以对员工的意识和行为全面形成"软"性约束，从而激发员工的自主控制意识与行为，达到员工自控与自律的目的。因此，构建和谐进取的组织文化是提升内部控制的重要举措。构建和谐进取的组织文化包括以下内容：

第一，完善制度建设。地方财政部门可以加强管理流程的设计，如项目开发流程、财政管理制度以及行政管理制度等一般性管理规章制度，加强对员工的制度约束；同时，制定员工行为准则和各种责任制度，明确员工的责任和义务，使员工在工作的过程中充分地感受到自己强烈的使命感和责任心；另外，组织还可以制定一些符合本部门特点的特殊制度，如考核激励制度、总结表彰大会等。通过公开鼓励和表扬工作表现突出的员工，并将其树立为组织的先进典型的方式，创造积极向上的工作环境。

第二，精神层面设计。一般来说，组织部门的文化主要体现为组织部门的整体风气和工作人员的精神面貌。在组织的运行及内部管理中，部门文化发挥的作用日渐凸显。因此，地方财政部门应不断加强文化建设，培养工作人员积极的价值观和事业心、增强其社会责任感和为人民服务的意识。同时，组织应当定期组织员工进行学习和干部培训，以提高员工的理解思考和观察分析的综合能力，提升其业务的执行力。内部控制的有效性受多种因素的影响，人是最重要的因素。在人的因素中，领导者是决定性因素，下级员工在工作过程中势必会受到上级领导的工作态度、价值观等方面的积极影响。因此，领导管理阶层应该适时起到表率作用，从而对组织人员的控制意识起到积极正面的影响。

第三，加大文化宣传力度。地方财政部门可以通过自办报纸、刊物、计算机网络、宣传册等方式，加大对组织文化的宣传力度，让更多的员工能及时了解组织文化的动态；在组织范围内通过定期开展形式多样的文化体育活动，来增进员工之间的团队合作意识，促进他们之间的交流和合作。同时，还可以在办公场所和走廊等显眼的地方张贴一些积极向上的宣传标语，为员工营造积极向上的文化氛围。

（二）人力资源政策

领导者作为组织单位的掌舵人，可以在组织中获得权力并树立威望，他们对组织各项制度和机制的有效运行、组织的生存和发展有着极其重要的影响。有学者认为，管理过程可以被看作权力贯穿行使的过程，是通过不同权力的拥有和实践来促进被管理者参与和贯彻实施的过程。在内部控制系统中，人既是主体，又是客体。因此，组织部门应当制定科学合理的人力资源政策，从而有效调动员工的主观能动性。

第一，选拔优秀的人才。地方财政部门根据组织业务的需要将拟招聘的岗位上报给相关人事部门，然后录用通过公务员考试的优秀人才，充实财政队伍。同时，做好岗位培训和后续专业技能的学习工作。人力部门的主要任务之一就是对员工进行培训，其目的是提高员工的业务技能和综合素质，使员工充分了解财政部门的各项规章制度和业务操作规程，并能适应组织制度的调整、环境的变化及各种突发性问题。同时，加强员工的职业道德教育，不断提升员工的职业道德水平。组织还要建立工作绩效考核制度,对表现突出的员工进行适当的奖励,并根据工作的需要对优秀的员工实施提拔晋升,这样可以提升员工对组织的忠诚度以及工作过程中的归属感;对于违反组织管理规定的员工,也要给予必要的惩戒,做到组织范围内赏罚分明。与此同时,强化对组织范围内所有员工的内部控制培训,提高员工的风险防范意识,努力在组织范围内营造风险文化,并加强对关键岗位的管理,实行定期的岗位轮换,如对组织部门会计、出纳等重要岗位,要实施不相容职务分离制度和严格的轮岗政策,并制定严格的限制规定以充分约束曾涉及组织单位机密的员工离岗后的行为。

第二,薪酬制度与考核制度。以合理公平为原则,确定明确的薪酬标准。在制定具体的工资制度时,应当充分考虑各层次员工之间的差别,如组织部门不同级别的员工由于承担的责任和风险不同,工资水平也会有差异。同时,有些员工因为工作需要会经常出差,比较辛苦,在制定工资标准时可以适当地考虑增加其工资补助,以体现岗位工资的待遇差别。另外,对于组织部门员工的绩效考核,则应当充分结合内部控制制度对员工责任分工的具体要求,将内部控制执行情况细化为各项考核指标,如员工是否通过内部控制的业务培训学习,是否了解操作流程的风险点。这样既有利于对员工进行绩效考核,也能使员工明确自己工作的方向和具体目标,从而更好地开展工作。

第三,可以适当引入信息机制和声誉机制。在一些市场经济制度较为完善的西方国家,信息和声誉机制能够发挥良好的促进作用。近些年,市场经济体制日趋完善,信息化程度显著提高,为我国发展和引入信息机制、声誉机制创造了良好的技术平台与制度环境。因此,地方财政部门在健全内部控制制度的过程中,可以适时引入信息和声誉机制。比如,组织可以定期对外公开报告组织的内部控制制度的建立和落实情况、相关单位责任人或主要责任人公开承诺、公布内部控制审计意见等。

四、规范决策审批程序

决策审批控制就是要求组织内部控制各职能部门严格执行授权审批的相关制度规定,明确各个部门和岗位在具体工作中承担的责任和权限,规范各项审批决策程序。具体而言,应明确地方财政管理各项业务活动的授权审批机构、审批流程、审批具体权限等，从而提升财政管理的规范化程度。要实现对决策审批的有效控制，应当从以下几个方面入手：

（一）完善议事决策机制

组织部门应当结合单位人员编制、组织规模、管理水平等实际情况，设置专门的内部控制相关岗位，并进行合理授权，要求内部控制机构全面负责组织的内部控制工作。同时，组织还应当加强对决策议事制度的完善。对于金额重大的事项，如大额财政预算资金的拨付使用、大型建设项目等的具体审批，应当由党组会议、领导办公会议等进行集体研究，重大的建设项目在立项之前，必须聘请专家针对项目的可行性认证和技术方面进行指导。

（二）明确授权界限和责任

地方财政部门为实现组织的发展战略目标将各项任务进行分解，最终由不同的部门、人员去执行和完成各项具体工作。因此，在整个业务活动的过程中，形成了委托代理的链条和由上而下的不同层次的授权代理关系。必须明确被授权者行使权力的具体范围，以避免出现权责不清的问题。同时，在具体授权的过程中，领导者可以根据具体行政任务的需要和特点，进一步明确其工作的重点内容与范围。行政授权内容确定后，上级领导即可依据指派工作的性质、具体任务的重要性、工作量的大小以及复杂性的程度等，在下级中选择适当的授权对象，将工作具体分工到每个人，并在整个授权过程中实施对下属实际操作的指导和督促，以帮助下级更好地履行职责。

（三）严格执行审批程序

行政授权形成后，组织部门要采取目标管理的方式对被授权者进行约束，并建立各项授权审批程序来规范授权审批的具体执行，从而有效避免违规审批、越权审批等情况的发生。上级领导可以针对下级部门具体的工作目标提出明确的要求，如对下级部门所要完成的工作的绩效目标、完成工作的具体时限以及应当承担的责任等提出具体的要求，这样下级部门在工作中就有了具体的行动方向和依据，可以明确审批权限，提高工作效率。同时，还应建立必要的监督检查制度，来对具体的业务活动进行必要的监督检查。例如，现阶段在计划年度内追加预算的现象仍普遍存在，所以，预算追加仍是内部控制的重点。因此，地方财政部门应当根据各地经济发展的具体情况和追加资金的性质，因地制宜，制定预算追加的授权审批制度，并加强对直属单位预算追加的监督管理。

五、财政信息系统的稳定运行

地方财政部门负责地方财政管理的所有工作，包括各级地方行政单位部门的预算管理、财政资金的拨付使用等，因此，需要及时掌握来自其他行政单位部门、企业、金融机构的相关信息数据。而伴随着财政信息化程度的提高，大量信息通过财政信息系统来获取，实现了财政信息跨部门的数据整合与共享。因此，地方财政部门应当充分利用财税信息系统来规范财政收支管理活动，加强财政信息化控制，最大限度地减少人为因素的干扰，最终形成畅通有效的信息传递渠道，从而保护财政信息的安全。

（一）岗位分工控制

单位应明确财税信息系统的岗位责任。计算机操作人员主要负责计算机应用程序的正常运行；而对业务数据的综合分析和严格审核、维护组织数据资源的稳定性以及应用程序的监控工作都是计算机复核人员的具体职责；计算机主管则全面负责财政信息化的相关工作，保证财政系统的正常运行、设备安全以及定期对财政信息数据进行备份。同时，对于财政信息数据的获取和录入，还必须经由主管部门审批。在实施内部控制的过程中，应当将申请、审批、具体操作等岗位进行职务分离，以实现岗位之间的相互牵制。各单位可以对财税信息系统实施归口管理，指定专门的业务机构负责信息系统运行、维护等工作。单位财务部门也要承担相应的职责，及时核实检查本单位财政信息系统各项业务数据的准确性。

（二）系统访问安全控制

信息系统访问安全控制分为物理安全控制与权限控制。物理安全控制是对计算机主机安全的维护，主要涉及对维护区域内计算机服务器和路由器等的选装，检查进出机房的电缆和电线是否安全，是否限制无关人员进入工作区等，从而保证工作区的安全，降低发生风险的可能性；权限控制则通过制定操作系统的安全准则、建立相应的账号审批制度和用户管理制度来实现，严格规范访问权限，防止财政信息的泄露。

（三）财政信息系统的开发控制

财政信息系统的开发形式主要有三种：一是组织部门内部控制的自主性开发，二是与其他单位的合作开发，三是直接授权委托符合条件的企业部门代为开发。无论是哪一种形式，其开发过程均应注重对管理计划、执行控制等重要环节的控制。除此之外，还应注意控制对财税信息系统的测试和具体验收。测试控制主要涉及对测试数据的具体设计、测试结果的输出以及对测试结果的详细分析。而测试验收控制的目标就是检测系统设计是否存在错误、权限代码的编排是否有误等。

（四）信息系统的升级维护控制

总体而言，信息系统的维护控制可以通过建立信息系统的变更管理流程，规范信息系统的具体工作流程和各子系统的操作程序来实现。组织部门可以设置专门的计算机中心或者委托专业的计算机机构进行财政信息系统的管理与运行维护。选择委托机构时，应当对该专业机构的相关资质等级予以确认，进一步核实其是否符合组织部门的要求，并与其签订合同和涉及财政管理的保密协议，以法律的形式确立委托代理关系。在具体实施系统维护控制时，主要是针对硬件和软件两方面的维护控制。组织单位的机房一般应当设置在合适、安全、隐蔽的物理环境之下，确保计算机硬件的安全；软件维护控制一般包括预防性维护和完善性维护等。预防性维护就是为了保证应用系统的延续性以适应信息技术的发展变化，完善性维护是在原有的基础上增加新的功能设计或改善性的修改。这些都是系统维护过程中的控制重点。

六、强化会计机构的基础职能

会计机构是地方财政部门内部设置的、专门办理会计事项的机构，全面负责组织部门的会计工作。

（一）明确会计机构的职责

地方财政部门应当建立会计机构的责任管理制度，加强组织部门会计机构相关负责人的责任意识，并制订会计机构内部控制的具体目标，将各项责任充分合理地落实到个人，使会计人员清楚地了解自己的职责以及需要完成的工作目标。在组织范围内开展以会计机构和会计人员为主、其他部门人员共同参与的会计准则系统学习和培训。一方面，有助于提升和强化会计人员的专业技能水平；另一方面，能使其他的工作人员及时了解会计准则给实际业务操作带来的新变化，以便在日后的工作中做出必要的调整，从而保证会计人员及其他相关职能部门的工作人员充分了解会计准则的变化和具体规定，同时，能够完善会计机构监督机制，加强对会计机构的监督检查，从而形成对会计机构和会计工作人员的有效约束。

（二）加强会计信息化建设

地方财政部门可以根据重点业务以及管理的需要，将会计软件与财务工作进行有效的结合，从而增强会计软件的智能化功能，实现会计数据的共享，为会计信息化奠定必要的技术基础。在此基础上，提高会计信息系统的网络安全管理，指定专门的技术人员负责网络安全管理。组织部门应当依据会计准则的具体规范要求，制定内部控制的标准、会计数据分类汇总的标准以及财政处理的标准等规范。同时，根据单位会计信息化建设的要求制定组织部门会计处罚规程，对违反会计安全操作、恶意篡改会计原始数据、故意泄露涉密信息等严重违纪行为做出严肃处理，并强化会计人员的法律意识和安全意识。另外，在确保信息保密的前提条件下，组织部门还应当搭建信息平台以方便不同部门的工作人员和会计人员进行信息交流。除此之外，加强对会计人员的业务培训，要求从业人员既要掌握会计业务知识，还要熟练会计信息化软件的操作运用，力求培养专业技能较高的会计人员，以适应会计信息化建设的需要。

（三）完善财务报告制度

财务报告不仅能够全面反映各级行政单位财政预算的具体执行情况、行政单位部门的财务资金状况，还可以及时披露各级行政单位部门的公共资源使用情况以及财务运行情况等相关信息，能够充分反映出相关部门在履行公共管理责任过程中的行政综合能力。一般来说，行政单位财务报告包括决算报告和行政单位财务报告。两个报告的编制方法和目标都有差异。决算报告以预算会计核算生成的会计数据为依据，按照收付实现制编制；行政单位财务报告则以财务会计核算生成的数据为准，并依据权责发生制进行编制。财政部门具体负责对行政单位综合财务报告的具体编制工作，因此，财政部门的会计机构可以借鉴其他国家的先进经验，采用科学的编制方法，按照严格的程序来编制行政单位综合财务报告，并将重要的信息充分体现在报告的内容当中，具体包括决策层针对财务报告的具体讨论过程与分析结果、权责发生制行政单位合并财务报表及附注、针对行政单位履行受托责任的各项综合信息情况的统计表等。

第二节　预算业务控制建设

作为财政部门的一项重要职能，财政预算是对地方行政单位在一个财政年度内的财政收支活动的具体安排与实施计划。近些年，随着服务型行政单位的职能转变，大环境对行政单位预算管理也提出了更高的要求，并在相关法律规定中得以充分体现。由此可见国家对于行政单位预算管理的重视，也看出预算管理在行政单位工作中的重要作用。因此，地方财政部门结合财政预算的具体流程实施对下级财政部门的纵向控制，以及对同级预算单位的横向监督。

一、科学地进行预算编审

预算编制是预算管理的重要环节。在编制财政预算的过程中，地方财政部门结合国家的相关政策和地方经济发展的趋势，制定财政部门的预算编制政策和预算标准，并严格按照预算编制的程序设计和具体要求，采取科学的方法对下一年度组织部门的各项预算收支情况进行预测。同时，对下级财政部门和各预算单位上报的预算进行全面审核，仔细核实预算单位是否将本年度财政结余资金纳入预算统筹使用、预算收支是否平衡等情况。审核通过之后，要及时向预算部门下达预算控制数及预算批复，从而确保预算单位有效地执行预算。对于预算编制过程中形成的各类文件和材料等记录凭证，应当由专人进行收集整理、归档保存并及时更新相关的数据信息和文件记录。由于行政单位预算改革的不断深入，组织部门还应当定期对预算编制相关人员进行业务培训，将各项政策的变化情况以及实务操作的新要求及时传达到个人，从而提高预算编制的准确性。

二、加强对预算执行环节的控制

地方财政部门应当规范实行国库集中收付制度，不断加强国库单一账户体系的构建与管理，并实施对预算执行过程的动态监督和控制。认真审核各预算单位申请的各项预算指标是否符合要求，相应的项目实施计划及财政资金用款方案等材料是否真实完整，将拟下达的各项具体指标额度与年初预算、已拨付款项以及用款进度等指标进行核实，并严格履行各项授权审批程序。同时，财政部门还要以国家相关法律为依据，及时足额征收各项预算收入，并根据本地区经济发展的实际状况预测各部门预算收入可能发生的变化。在此基础上，定期对各组织部门的收入预算执行情况进行检查，以便及时掌握动态监控信息，评价预算收入管理的薄弱环节，如发现问题，应当及时予以整改。另外，组织部门应对各项财政支出指令进行仔细核实。查证各项财政支出计划的批准是否由具有授权审批权限的相关责任人按照法定程序进行，财政资金的用途是否符合预算及招标限额的标准，财政支出中的保留部分所列科目是否符合要求，并批准和发出购买指令。在实施购买时，应当确定财政拥有提供该公共产品和服务的义务，并对所购产品和服务进行检验，核实相关的单据证明、质量报告、发票等凭证，审核检查确认无误方可进行最后的支付。

三、严格控制预算调整

预算调整是有条件和程序的。在年度预算执行过程中，由于国家政策调整、地方经济发展形势变化等客观因素，或发生了突发事件导致预算执行发生重大差异需要调整的，可按照相应的程序进行预算调整。财政部门将预算执行部门需要进行调整的方案进行汇总，并对调整方案涉及的财政收入或财政支出调整项目的相关材料进行认真核实，结合已过季度的预算执行情况进一步研究预算收入和预算支出调整情况，并对所有的调整项目逐一进行核对，得出预算调整的最终财政平衡结果，将预算调整报告提交上级部门进行审核。对于审核通过的调整方案，各预算单位应当严格执行，不得擅自更改。

四、认真编制决算

组织部门在正确结转各项收入和支出的基础上编制决算报表，并保证其真实性和完整性，同时，应当按照会计准则的要求设置相应的会计科目，做好进一步编制会计报告的准备工作。同时，参照不同财政层次的各项财政预算管理体制及有关规定，结合上下级财政部门之间的预算调拨收支和往来款项，将全年应补助款数额和应上解款数额与已补助数额和已上解数额进行比较，并得出最后决算结果，审查决算事项的准确性，进一步确认部门决算收支的准确合规性，编制财政总预算并上报给上级主管部门。

五、建立预算考核机制

财政部门应当对各预算单位的预算执行情况进行考核，建立预算考核评价制度，并由专门的预算考核小组来具体负责。预算考核部门应当结合已掌握的动态监督信息，对各个预算单位上报的预算执行报告进行全面审核，将预算编制的指标与实际完成的指标进行核对，从而得出预算完成情况的最终分析，根据组织部门建立的评价制度对预算结果进行评价，将具体的考核结果进行汇总、整理，在此基础上进一步提出详细的预算考核评价建议，编制预算考核报告，并向组织部门的领导层汇报。需要明确的是，还可以将内部审计与实际情况相结合进行预算考核。同时，所有考核过程中涉及的资料和相关记录必须完备，并交由归口管理部门予以归档保存。

第三节　收支业务控制建设

财政部门的资金活动主要涉及财政收支、财政资金结余以及资金结算等活动。因此，为了保证财政资金活动的合法合规性，提高财政资金管理效率，可以从现金控制、财政收入控制、财政支出控制、财政结余控制等关键环节入手，加强对财政资金的管理。

一、现金控制

财政部门的现金支付审批与执行、保管与盘点清查以及货币资金的会计记录与审计监督都应当由不同的人负责，实行不相容职务分离制度，并进行定期轮岗。单位现金的支付、保管由出纳负责，而票据管理、会计档案管理以及收入、支出、资产负债等账目的登记和对账工作则必须由除出纳员之外的其他人来负责。组织部门现金的收付业务只能由出纳员本人办理。库存现金由出纳员保管，不得委托他人保管，各业务处室涉及现金收付业务时，应办理相应的审批程序，并及时将现金收入交存出纳员，原则上不得借支现金。同时，货币资金的盘点由专门的会计人员负责，单位的印章应当由不同的人分别保管。编制科学合理的现金计划，并对组织单位的现金定期盘点，指定专门的会计人员对现金进行盘点并与现金日记账予以核对。盘点出现现金长款或短款时，必须当日查明原因并报财务部门领导处理。单位组织的银行存款每月与银行账单进行对账，如金额不符则必须编制银行存款余额调节表，对于未达账项，不分金额大小，要逐笔核实清楚。银行存款核对表及未达账项调整表必须由出纳人员、负责核对工作的会计人员共同签字并报财务部门负责人予以审阅并做出进一步调整的指示。

二、收入控制

财政部门的各项收入必须被全部纳入单位预算，由财务部门进行统筹管理和使用，其他各职能部门和人员不得擅自办理各项收款业务。未经批准，任何人不得隐瞒、截留、挪用财政资金。财务部门还要对收入金额进行核对，如出现收入金额与合同不符合或产生应收未收项目时，则应明确责任主体并对收入进行追缴。同时，收取各项收费和基金时，要严格遵守票据管理规定。申领、启用、核销等各类票据都要履行相应的程序。由票据专管员全面负责所有票据的入库、发放、使用等工作并如实记录，同时，给保管员配置单独的保险柜以保管各类票据。组织单位不得违反规定转让、出借、代开、买卖财政票据等，也不能未经允许擅自扩大票据的使用范围。领用票据时，票据使用人必须在票据申领表上写明领用票据的类型与数目，所填信息必须与票据台账上登记的信息相符，并由申领人签字确认。注销票据时，应当确保票据台账上登记的内容以及其他相关报表所填报的与票据使用销号表上的票据种类、数量相符。销号的票据必须保证连号，如出现缺号的情况则应当查明具体原因。

三、支出控制

财政部门应当严格执行并有效落实财政国库管理制度，将全部支出纳入单位预算，并强化对支出授权审批的控制。明确财政支出的审批权限和具体程序，审批人必须在授权范围内行使审批权，不得越权审批。对于金额重大的支出项目及支出标准的核定，必须由组织部门集体决策。在此基础上，完善财政支出的审核管理。对各类付款凭证、支票、审批手续等所有单据凭证逐一进行核实，以确定相关材料是否真实准确、合法完整，是否符合国家有关规定及组织内部财务管理制度。同时，加强行政单位专项支出控制。财政部门从上级取得的有指定项目和用途的专项资金，应当严格执行国库集中支付制度和行政单位采购制度等有关规定，按照规定的用途使用行政单位专项资金，做到专款专用、单独核算，严禁挤占、挪用行政单位专项资金。单位应对每一笔专项支出业务严格按照授权批准制度的规定进行审批，相关财务部门和专业人员在办理行政单位专项支出业务时，应根据批准的支出申请，对发票、结算凭证等相关凭证的真实性、完整性进行严格审核。同时，按照规定向上级财政部门或主管部门报送专项资金支出决算和专项资金使用情况的相关报告，并接受上级部门的监督和检查。

四、往来资金控制

组织单位应当建立不相容职务分离制度，分别由不同的人员来负责往来资金支付的审批与执行、会计记账以及往来资金审核监督工作。针对往来资金发生的审核、批准制度，资金划拨、支付事项等重要事宜，应明确审批责任人和具体经办人的权限范围和责任。重大资金划转及支付则必须由领导集体研究决定。在具体划拨过程中，对于任何一笔发生的资金来源，都要认真审核其真实性、合规性，完善由经办人具体办理、责任人审批核准并进行结算处理的流程规范。往来资金的财务核算，既要符合会计制度要求，也要结合本单位往来资金的实际管理需要。同时，还应当定期对往来资金进行清理，控制往来资金规模。对处于呆滞状态的往来账，应详细说明其发生时间、具体金额、呆滞原因以及详细的处理意见，从而防止对此类往来账款的擅自核销。

五、资金结余和结算控制

财政资金结余主要包括净结余与未完结转项目结余。组织应当加强净结余管理，合理使用净结余，并按支出控制要求进行管理，确保结余真实、合法、合规。依据部门预算和相关财政制度规定，单位净结余属于财政性资金，单位不得用于对外投资或者出借，实行国库集中后形成的净结余统一反映为指标净结余，不再提取事业基金、职工福利基金等。对于未完结转项目结余，组织单位应当努力提高项目支出预算的经济效益和社会效益，对年度未完成应结转下年的项目支出预算结余，要逐一核实确认，确保未完结转项目结余按规定程序使用和管理。同时，组织部门要从现金管理、银行账户管理和公务卡管理等方面加强资金结算控制。确定本单位现金开支范围和支付限额，并健全现金账目。根据业务要求，需要开立银行账户时必须符合相关规定，开立、变更账户须符合行政事业单位存款账户管理的相关规定并报相关部门审批后办理。加强与银行对账并编制调节表，严格遵守银行结算规定。另外，公务员在使用公务卡支付公务支出资金时，必须按程序取得领导批准后，方可使用公务卡结算。如果持卡人办理公务卡消费支出报销业务时，实际发生金额超出资金申请表核定的金额，则必须补办资金申请程序再进行报销。

第四节　采购业务控制建设

行政单位采购主要是组织部门根据日常管理的需要使用财政资金所进行的各项采购活动。采购一般分为货物类和服务类。实施内部控制在于建立健全行政单位采购预算与计划管理机制，确保行政单位采购纳入预算管理，按照计划办理采购业务，从而使采购工作达到预期目标，严格采购信息管理。

一、采购预算与计划控制

财政部门应当对各采购部门编制的行政单位采购计划进行审核，认真核实采购计划所涉及的采购项目是否符合单位组织建设和业务发展的实际要求，采购预算标准是否合规，并对符合要求的采购项目按照程序进行审批，同时汇总形成本级行政单位采购预算。另外，财政部门应该及时将通过审批的行政单位采购预算批复给各相关单位。各采购单位则根据已批复的采购计划的项目内容和预算金额，进一步确定采购方式。具体来说，对于被纳入集中采购的项目，应当由行政单位集中采购机构组织实施相应的采购业务；未被纳入集中采购范围的项目，依据行政单位采购的相关法律规定，按照行政单位采购程序，经行政单位采购监督管理部门批准后可实行分散采购。

二、采购过程控制

财政部门应当依照行政单位采购法的相关规定，制定采购申请制度，并按照程序严格进行采购。针对具体的采购项目，根据其不同的类型选择相应的管理部门来执行采购任务。第一，明确各相关责任部门的具体授权审批权限和人员的岗位职责，并授予其相应的请购权；第二，由管理部门按照规范的步骤和要求进行相关物品的采购，对供应商的资质进行审核，实行评估准入机制。相关部门对符合条件的供应商所提供的各项重要信息进行综合评价，主要包括采购物资的质量标准、采购价格、采购付款方式、验收规程以及企业的经营状况等内容。同时，根据采购项目的具体情况来确定采购方式，大型采购项目采用招标方式，其他的采购项目可采用询价、定向采购或直接购买等形式，并采取多种方式合理确定采购价格。另外，在签订采购合同时，为进一步确保行政单位采购合同条款的完备性和合法性，应聘请不同领域的专业技术人员和专家提供相应的技术指导。

三、采购验收控制

根据采购合同和相关文件的要求，组建专门的验收小组进行采购验收。验收小组按照职责分工对照行政单位采购合同中验收有关事项和标准对所购物品的品种、规格、质量等内容进行验收，并按照验收方案及时组织验收，填写采购验收单。对于重要采购物资的验收，还应当在此基础上进行必要的专业测试。如果验收时出现特殊情况，验收小组必须及时上报相关部门，并及时查明问题原因，依据上级主管部门的指导意见进行解决。某些特殊的物资不能由采购部门单独验收，应当由采购部门、使用部门和质量管理部门共同组织验收。另外，财政部门应当依据采购合同的主要条款跟踪相关责任人履行合同的具体情况，对其进行必要的监督和管控。

四、采购付款控制

采购验收后，组织部门应当根据合同要求进行采购付款。明确财务部门付款审核人的具体授权审批权限，并要求审核人对行政单位采购发票、采购合同中的款项支付条件、物品验收报告以及相关单据等内容逐一进行核实，确认审核无误后按照合同规定及时办理付款。同时，对于采购金额巨大或采购周期较长的预付款项，通过全程监督、掌控业务的进展程度，进行风险识别和分析，重点关注占用项目是否合理、预付账款的期限是否合适以及是否存在不可收回预付款项的风险等。对于各种可能产生风险的隐患，组织应当及时采取有效措施进行规避。财政部门还应当完善退货管理制度，对退货的具体条件、退货程序、退货货款收回等重要内容做出明确的规定，对于在采购期间发生的退货情况，则应严格按照退货程序和合同中退货的相应条款进行办理。最后，财政部门应当及时向行政单位采购部门提交支付申请书、发票复印件、合同副本、验收报告等相关文件资料，并根据审核后的相关凭证，通过国库集中支付系统依据合同条款应支付的采购资金。

第五节　资产管理控制建设

财政部门的资产是组织部门占有或使用的各种经济资源，包括固定资产、无形资产、流动资产等。加强对财政资产的管理有助于提高资产的利用效率，防止财政资源的浪费和重复投资。

一、资产形成控制

组织单位资产的形成主要包括购置、调剂、接受捐赠等方式。一般而言，对于被纳入预算管理的办公设备和家具、房屋建筑物以及车辆等实物资产配置，应当依据财政部门的相关规定，按照预算编制程序向上级有关部门报批。上级相关部门严格按照规定对需要配置资产的必要性、资产的配置标准以及能否调剂解决等方面做出判定，并签署审核意见。审核通过之后，组织单位方可依法实施行政单位采购。同时，在验收资产时，资产使用部门应根据合同协议、发货单等相关资料对所购实物资产进行验收，并出具验收报告。实物资产验收合格后，应及时办理入库、编号、调配等手续。对于捐赠的资产，财政部门应当按照有关法律法规接受捐赠，及时准确登记捐赠资产的信息并办理资产产权的转移和登记。另外，各级财政部门可根据实际情况尝试建立公物仓制度，对组织办公设备逐步实行集中采购、专人保管、统一配发、统一处置的公物仓管理。

二、资产使用控制

资产的使用就是财政部门资产自用和出租、出借、投资等行为。单位应当明确本部门各项资产配备标准是否符合国家有关法规政策、财政部门履行职责的具体需要以及单位的财力状况。组织部门还可以建立资产使用调剂和资产整合共享平台，对闲置、低效的资产进行调剂，做到物尽其用，充分发挥资产的使用效益，保障资产的安全、完整。使用部门在领用资产时，要填写资产领用单，明确写明用途和时间，并经使用部门负责人审核批准和财务处复核后予以领取。资产部门应当定期对资产进行全面清查盘点，对出现的问题，应当及时查明原因，说明情况，并在决算报告中如实反映，按照相关规定处理。另外，财政部门应加强对本单位专利权、商标权、土地使用权等无形资产的管理，防止无形资产流失。如果业务需要将资产对外出租、出借或是对外投资，财政部门应当聘请资产评估中介或专家进行可行性评估和认证，在此基础上提出申请，由主管部门审核同意后，报上级相关部门进一步对资产出租、对外投资等事项进行审批。同时，资产部门应当建立完善的资产管理制度，由专人具体负责项目的立项、决策、申报、运营以及项目跟踪工作。

三、资产处置控制

组织部门一般需要对闲置资产、低效率报废资产以及超标资产，或者因单位重组或合并、隶属关系改变等原因发生产权及使用权转移的资产进行相应处置。具体处置方式主要有出让、出售、置换等。对低效运转、超标购置或者长期闲置的实物资产，财政部门本着节约的原则，结合各部门提出的资产使用申请，可进行部门之间的调剂和安排，以促进资产整合与共享。在进行资产处置时，应当严格履行各项审批手续，由资产使用部门提出申请并报告资产管理部门进行审核，未经许可不得擅自处置资产。在具体处置资产时，应当聘请具备相关资质的评估机构对资产进行评估，并选择产权交易机构以公开拍卖、招投标转让等合法形式处置资产。同时，组织还要定期或者不定期地对资产进行账务清理，对实物进行清查。如果出现资产和账目不符的情况，则应当查明原因，追究相关责任人的管理责任，并按照规定程序进行账面的相应调整和处理。

四、资产收益控制

财政部门的收益是指财政部出租、出借、对外投资等取得的收入扣除相关税金和费用之后的净收益，主要包括拍卖资产所得、出租资产形成的租金收入、无形资产转让收入等。根据国家有关规定，财政部门应当制定资产收益制度，并将本部门的资产收益及时上缴并进行统筹安排，财政部门及管理人员要如实反映和收缴国有资产收益，不得隐瞒、截留、挤占和挪用国有资产收益，不得违反规定使用国有资产收益。同时，财政部门还要加强资产收益的相关票据管理，规范各预算单位的征收行为，加强对所属单位的国有资产收益的监督，从源头上杜绝乱收费现象，并确保依法合规的非税收入被及时、足额地上缴国库。

第六节　建设项目控制建设

因为工程建设项目大多金额巨大、任务规模大、周期长、投资大、涉及范围广，所以对工程项目的控制难度较大。因此，应当对工程建设项目各个流程的风险点进行甄别和分析，并采取有效的预防措施，提高工程质量和控制建设成本，实现工程项目的风险管理。

一、建设项目立项控制

可由基建部门牵头组建工作小组，编制项目建议书，并由工作组领导审阅、全体小组成员进行讨论，形成项目建议书草案。基建部门可会同财务部门共同审议，也可聘请外部专家参与评审或委托外部机构进行评审，出具评审意见。评审通过后，结合专家评审意见，通过各种方式和渠道广泛征集多方意见，然后将所有相关信息整理汇总，上报组织领导决策层，由决策层按照规范的集体决策程序对项目建议书进行最终的决策。同时，建设项目在立项决策审批的过程中形成的所有文件记录、书面材料和会议纪要等重要材料，应当由专人妥善保存。

决策批准后，基建部门负责编制项目可行性研究报告，会同财务部门共同讨论评议，并负责对可行性研究报告的审议过程进行记录，相关记录应与可行性研究报告一并存档，由决策层审议通过之后报上级机关批准。建设项目一经批准，单位必须按照决策内容执行，任何人不得擅自改变决策内容。

二、工程设计与招标控制

项目立项后，则进入工程设计环节。建设项目概预算一般委托外部专业机构编制，基建部门基建处负责对设计单位的筛选与初步资料的收集工作。组织相关部门及专业技术人员对设计方案进行分阶段审核并监督设计工作，确保设计方案与经批准的可行性研究报告的内容相一致。预算员还要对概预算的编制情况进行核实，主要审核编制概预算的客观依据、工程项目的具体内容、项目工程量的计算、预算定额的套用等重点内容。在此基础上，依法组织工程的招标工作，并接受有关部门的监督检查。财政部门应当组建由部门代表和相关技术专家组成的评标委员会，来具体负责评标工作，并充分保证评标过程的保密性。组织部门选定中标人之后，应当及时通知中标人并发出中标通知书。同时，组织部门与中标人还需要在规定期限内就双方的权利义务、违约责任等细节问题进一步协商，并签订合同。

三、工程建设过程控制

财政部门应当加强对整个工程建设过程的监督。对于投资额较高的建设项目，组织单位必须聘请符合资质的监理单位。监理单位应当依照国家法律法规对项目施工过程中的质量、进度、安全、物资采购、资金使用以及工程变更等情况进行监督。依照相关制度以及合同约定，明确建设单位、施工单位、监理单位及相关方在工程质量、安全生产方面的责任与义务，保证工程质量与生产安全，并严格审核施工单位定期报送的建筑设计图会审纪要、设计变更等相关原始资料，并与合同标书的要求进行对比，严把质量关。同时，组织单位的财务部门与承包商之间应进行频繁的沟通与信息交流，及时掌握工程进展情况，并根据合同具体条款的规定和程序要求，仔细审核所有的单据和凭证，在审批权限范围内办理项目工程款的结算业务，没有特殊情况不得拖欠工程款。如果因合同工作内容的变化、市场价格上涨导致工程成本增加，或因国家标准提高需要更改工程设计等工程变更情况引起合同价款发生变动，基建部门应当提供所有的书面文件和相关资料，经财务、审计部门审核并按程序报批后支付款项。另外，对于建设项目中的设计费、监理费等应取得综合服务统一发票，并将项目合同作为报销的附件。

四、工程验收控制

组织单位在收到承包商的项目工程竣工报告后，则应当及时进行工程项目的竣工决算审计工作。需要关注的重点环节包括仔细核实工程决策的相关依据、工程项目所涉及的文件资料等凭证的完整性和真实性、工程项目竣工后的清理工作是否完成以及决算编制是否全面等。对于未实施竣工决策审计的基建项目，不得办理竣工验收手续。决算通过后，财政部门应会同项目设计单位、施工单位、监理单位等相关部门进行建设项目的竣工验收。交付竣工验收的工程项目必须具备相应的条件，主要包括完成合同约定的各项建设内容、工程质量符合规定的标准以及完成竣工决算报告的编制等，同时，要满足国家规定的其他竣工条件。工程验收合格后，基建部门应当及时办理资产移交、编制交付使用财产清单等工作，并依照国家的相关规定，对整个工程项目建设各环节产生的所有文件资料和记录凭证进行收集和整理，形成完整的工程项目档案并加以妥善保管。同时，财政部门还应当建立项目后评估制度，组建评估小组，收集后评估项目建设的相关资料，并对这些信息数据进行核实、测算和分析认证，形成项目后评估报告，作为日后项目绩效考核的参考和责任追究的客观依据。

第七节 合同控制建设

合同是组织单位为开展经济业务与其他单位或个人协商一致订立的约定相关权利义务的意向书、合同、协议以及其他设立、变更、终止民事权利义务关系的法律文件。其具体的控制环节如下：

一、合同调查与谈判

在合同签订之前，应当由合同发起部门责令具体的经办人与对方当事人进行联络，收集相关的信息并进行初步检查，信息确认无误后由负责人审核并递交财务处。财务处合同管理员应对提交的相关材料通过电脑咨询、网络查询等手段再次核实确认各项信息。对于一般性的合同，审核通过后则可由合同经办人及部门负责人着手进行谈判；而涉及金额较大的合同与重要合同，还需要主管领导进行审核之后方可进行谈判。在具体谈判环节，参与人应当收集与合同相关的各项信息，并在授权范围内做出判断。同时，经办人还要将谈判的重要事项和双方主要意见进行详细记录，并由参与合同谈判的全体人员共同签字确认。此记录作为重要的依据存档保管。

二、合同文本拟定审批与签署

合同经办人根据合同谈判的结果，负责起草合同文本，认真填写相关的审批表，然后由本部门责任人审核。组织部门的技术部门设备采购人员则具体负责审核本部门专业范围内的合同技术条款，财务处合同管理人员负责审核合同商务、财务相关的条款。行政综合管理员分析判断合同风险、法律相关的内容，如合同变更、解除、违约等条款。经上述各部门审核后的合同文本还须提报上级领导进行审批，重大合同则应经党组会议和领导办公会议研究决定。一般合同可以由局长授权合同经办部门负责人签署，重要合同可由分管领导在授权范围内签署，重大合同必须由单位第一负责人亲自签署。

三、合同执行

组织部门应当强化对各项合同执行情况的监督和控制。经办人要随时跟踪合同执行情况，了解对方的各项业务进展程度。在执行合同期间，如果因对方主动提出或者组织单位自身原因导致不能继续履行合同时，经办人应当及时向单位责任人汇报，并采取有效措施予以应对。如果对方发生违约可能或出现违约行为时，组织部门应当迅速做出反应，立即终止合同，尽量将违约行为对单位的不利影响降到最低。

四、合同结算与档案管理

合同结算主要控制合同付款的相关风险。首先,由合同经办人申请,填写申请表后由本部门负责人审核后交财务处审核;其次,财务管理部门的相关人员要仔细审核付款事项的各项预算是否合理,审核后由财务部门负责人再次审核确认;最后,按照资金支付的审批权限报主管领导进行审批。通过审批之后,出纳人员审核金额无误后方可履行办理登记备案手续和汇款。财务处合同管理员为单位合同归口管理员,负责全部的登记、备案和日常存档工作。合同签订后,所有的相关文件和资料都应移交给合同管理员,整理并送交档案室存档。

第八章　行政单位内部控制评价体系的建立与实行

第一节　内部控制评价体系

内部控制是一个合理设计、有效执行、科学评价的循环往复过程，其中，内部控制评价是最为关键的环节。地方行政单位在完成计划和实施各项政策的过程中，由于受到不利因素的影响以及制度本身的制约可能造成项目计划偏离组织目标。因此，对照行政单位内部控制理想、合适的理论模式，对其运行的有效性进行评估就显得尤为重要。通过有效性评价，可以及时了解组织员工对各项制度政策的遵从程度，发现组织内部控制的不足和问题，克服内部控制实施过程中的局限性，并提出合理的纠正措施，从而不断提升地方行政单位内部控制水平。

地方行政单位进行内部控制评价，可以客观地反映内部控制水平，为领导层提供控制状况、内控缺陷信息及整改措施。地方行政单位内部控制评价体系应当是一个完整的体系，主要包括有效性的概念、形成路径、作用原理、评价方法以及具体的评价程序等重要内容。

一、内部控制的有效性分析

进行内部控制有效性分析首先应当明确什么是有效性。内部控制是为了确保组织目标实现而进行的控制活动。因此，内部控制实施对于组织目标的实现所提供的保证程度就是内部控制的有效性。有效性程度越高，则意味着组织内部控制的实施效果越好。与此同时，对于内部控制评价问题，也有学者以内部控制"效率"来解答。而相对来说，"效率"是一个量的比较概念，以此为基础进行内部控制的效果评价，可以提高评价的准确性，增加评价结论的信息含量。但是效率是针对一个确定的目标和方向而言的，如单位时间的工作效率，而在实践过程中，目标只是组织根据各种重要的因素而进行的预测和判断，并不具有确定性。同时，目标也会随着组织业务的发展和环境的变化而与预期产生的一定的偏差，需要对目标进行必要的调整。因此，内部控制有效性评价更为合理。内部控制的实施目的在于确保组织单位各项目标的实现，同时也是合理的保证，也就是说，内部控制是必要条件而非充要条件。同时，将组织部门复杂的业务活动以及领导者和组织人员的主观表现如实地反映到各种指标当中，是否具有现实的可操作性，仍值得思考。基于此，以"有效性"来形容更具有可操作性和科学性。

综上所述，地方行政单位内部控制的有效性主要是指，整个行政单位为实现财政管理目标而建立实施的内部控制制度在实际运行过程中发挥作用的程度，以及整个行政单位组织对内部控制制度的遵从程度。

同时，组织内部控制分为单位层面内部控制和作业层面内部控制。单位层面内部控制指那些对组织有广泛作用和整体影响的控制，如单位组织文化、招聘政策和员工培训计划、单位组织内部信息交流与沟通方式等，为作业层面内部控制提供了重要的软约束环境和限制条件；而作业层面内部控制则是对各项具体业务实际操作过程中所进行的风险管控，如行政单位采购过程中对中标价格的保密工作是一项控制工作，一旦控制失败，一般仅影响此次采购交易，与其他交易无关。单位层面的良好控制将有助于改善和提高其他控制的有效性水平。同时，单位层面控制中的缺陷则会进一步削弱作业层面控制的有效性，即使是最有力的作业层面控制，也可能因为单位层面控制的不足而无法发挥其作用。比如，国有资产管理部门制定资产购置验收制度并设置了实物资产管理员岗位，以确保对国有资产的有效管理，但如果组织没有招聘到合格的人员执行任务，那么程序将不会按设计的情况运行。因此，作业层面的设计与评价应当以单位层面的评价结果为基础，也就是说，单位层面的评价结果进一步决定了作业层面的测试范围。

由此可见，清晰界定地方行政单位内部控制有效性评价的内涵，了解和辨析行政单位的单位层面与作业层面之间的区别和联系是十分重要的，有效性评价的控制目标、测试方法、评估方式等取决于控制所处的层面。

二、全面整合观下的评价模式

内部控制评价模式是内部控制评价的具体方法和标准。当前，由于对内部控制评价模式的选择以及对内部控制评价基础概念的取舍存在一定的争议，致使内部评价体系没有形成高度统一且广泛认可的范式作为参考。因此，地方行政单位亟待建立科学有效且便于操作的内部控制评价体系。

现有的内部控制模式之争源于不同的出发点。以相对成熟的企业内部控制评价为例，当前主要是由内部控制目标和内部控制要素形成的两种评价模式。我国学者张兆国等以企业内部控制目标实现水平的可观测性和客观性为重要依据，构建了企业内部控制评价体系。这种以目标为导向的评价模式能够实时反映组织单位业务活动的进展状况以及目标实现程度，具有更高的客观性和可比性。但是其不足之处在于，不能真实、客观地体现组织单位内部控制五大要素的特征与控制状况。而另外一种要素评价模式，则是以五大核心要素之间的相互关系为依据来进行内部控制有效性评价的，并对内部控制存在的漏洞进行有针对性的整改和纠正。我国学者池国华等以内部控制五要素为逻辑框架，分四级设计了评价指标。这种烦琐细致的设计会增加获取相关信息的成本和难度，同时，有些指标也会因依赖内部人员的主观判断而降低其真实性与可靠性。因此，两种评价模式各有千秋，如果能将二者进行充分整合、优势互补，不失为好的选择。

而伴随着内部控制的发展以及理论研究的深入，有学者提出将内部控制评价模式进行整合的全新思路。我国学者马方、冯建梅分析比较了现有内部控制目标评价模式以及构成要素评价模式，并以此为基础，提出将不同模式进行整合的构想。对于内部控制评价模式的全面整合，并非将不同的评价模式进行简单的相加与拼凑，而是充分考量目标导向模式和要素导向模式的适用性，结合地方行政单位的运行特征和业务活动，将内部控制五要素与地方行政单位的单位层面整体环境的优化、作业层面业务流程的规范管理相结合。基于此，地方行政单位内部控制评价体系是结合地方行政单位的整体结构特点和重点业务活动而建立并实施的，既融合了内部控制的核心要素，又突出了不同层面的特点，是内部控制评价模式的创新。

内部控制评价体系包括评价主体、客体、目标、指标、标准、方法和报告七个要素。内部控制要求设计、执行和监督主体相互分离。因此，地方行政单位应当设置专门的内部控制评价小组或指定内部审计监察部门全面负责评价工作，制定评价方案。评价客体是评价的对象，是实施评价的具体范围，不是全部的内部控制活动，而是控制活动中相对重要的部分。评价目标是对组织部门内部控制的整体状况进行分析，为管理层对内部控制有效性做出认定提供可靠参考的依据。评价指标是内部控制实施效果的信息载体，是评价体系中最核心的要素，因为评价标准和评价方法都是以评价指标为基础的。评价标准则要根据内部控制设计的理想状态作为具体参考。同时，评价方法则取决于评价发生的层面。单位层面的主观性比较强，因此可以通过问卷调查、访问、座谈会等形式收集来自员工的信息；而作业层面则可以按照严格的工作流程进行评价，如会计对账、查阅相关文件记录等，掌握来自业务流程的客观信息。最后，对评价结果进行分析，针对发现的问题和薄弱环节，采取有效措施进行整改，并完成评价报告。

三、内部控制评价的流程再造

内部控制是一个动态的流程。因此，在进行内部控制评价时，应当明确内部控制是一个被评估的动态过程，而不是一个静态结果。同时，要完成对内部控制有效性的评价，需要合理设计评价程序。

（一）制定评估计划

在评估工作正式开始之前，需要进行周密的组织计划工作。首先成立内部控制评价工作组，该小组隶属于组织单位内部控制机构或者审计监督部门，同时，配备具有必要的专业技能、知识和经验的工作人员来承担这项工作，并确定每位组员的具体工作范围和职责分工。还应该界定评估范围，明确评估工作的重点。在此基础上，识别出重要的控制目标。单位层面重要的控制目标是对组织内部环境产生整个影响的目标，如组织目标、决策审批制度、单位层面风险识别、组织文化等。作业层面重要的控制目标具体明确就是对作业层面各重点业务所进行的风险控制，具体包括各业务流程的文件记录是否完整、会计账目是否真实可靠等。需要指出的是，计划是一个反复的过程，并非在评估开始时执行一次就保持不变了，在评估工作进行的过程中，领导决策会随着信息的完备程度而越来越有针对性。因此，评价计划也应当进行不断的修正和调整。

（二）获取重要的信息

要想对内部控制的实施效果进行评价，必须有完备的信息资料作为支撑。而收集和甄别各种信息是一项很复杂的工作，其原因在于贯穿所有业务活动的记录只是人为地记录内部控制的一种方式，内部控制的记录绝对不能与内部控制的执行本身相混淆，也就是说，有关控制政策及其执行程度的相关记录不能成为内部控制有效执行的确凿证据。比如，一般来说，员工在入职时都会签订工作承诺书，这些承诺书可以作为判断和确定组织文化是否有助于内部控制实施的逻辑起点，但是，这并不代表员工在实际操作过程中能遵守承诺，按照原则和程序办事。因此，应当运用科学有效的方法，有效识别和分离重要的信息，为正式进行有效性评价做好充足准备。

（三）选择正确的评价方法进行测试

测试是进一步掌握和收集证据的过程，也是有效评价的基础。不同层面的测试方法有很大的差异。因此，针对不同的层面，需要采取不同的技术方法进行有效测试。由于单位层面的信息主要来自员工，具有一定的主观性，因此，一般采用问卷调查和询问、座谈、满意度调查等方式来收集员工在工作过程中的主观感受和价值判断方法；而作业层面的业务流程清晰明确，因此，可以用业务流程法、收集会计凭证、文件记录等方式来进行测试。

（四）进行评价

评价就是对测试结果进行分析和判定的过程。由于单位层面和作业层面信息来源不同，测试方法和评价指标都有差异，因此，地方行政单位内部控制评价是基于两个层面而进行的。通过对组织单位层面的定性分析，得出组织内部控制成熟度水平的定性结论，在此基础上，获得来自业务流程的客观性资料，对作业层面实施定量测评，根据测试的结果，依据建立的评价指标，对相应的控制目标要做出等级判定，并对两个层面的结果进行整体性分析。

（五）结论与纠正

根据综合评价的结果给出内部控制有效性的最终结论。总结分析单位层面和作业层面的弱点，并对这些弱点之间的关联性予以分析。结合内部控制缺陷的认定标准，做出内部控制缺陷的相关认定，对于评价过程中发现的各种问题及弱点，采取相应的措施进行纠正。所有的相关内容都将以内部控制评价报告的形式完成，并报送上级领导部门，作为决策层了解组织内部控制的实施现状并进行正确决策的客观依据。而内部评价报告中提出的整改意见也是今后加强内部控制建设的重点方向。

第二节　单位层面内部控制的测试与评价

单位层面与作业层面内部控制的不同之处在于，行政单位单位层面内部控制的实施效果是主观、间接、非线性的，而且是不易定量分析的；而作业层面则完全与财政资金拨付使用的流程相关，因此，整个业务流程是线性、客观且可以查证的。基于此，单位层面的内部控制有效性分析更具有挑战性。

一、识别单位层面重要的控制目标

内部控制中一系列控制活动的重要程度不尽相同。因此，在进行内部控制有效性分析之前，应确定和识别哪些控制目标是重要的控制目标，内部控制评价应当集中在这些重要目标上。

单位层面的最终控制目标是为作业层面业务活动的有效执行提供一种总体环境和氛围。依据单位层面的显著特征以及其包括的相关内容，其重要的控制目标应集中在组织文化、人员、组织目标与控制层次的关联程度、财政风险识别、财政信息系统、反舞弊程序、综合财务报告制度以及系统范围内的监督等方面。

二、设计与测试

单位层面为组织内部控制的实施创造了一种软约束环境。因此，要判断单位层面控制的有效性是极富挑战性的，只能通过调查和询问、观察等方式来收集支持单位层面控制认定的相关证据。

（一）员工调查

作为有效收集信息的方法，调查主要是针对组织内部人员进行的，旨在收集来自员工的信息，特别是在评价组织文化和人事政策是否创造一种使作业层面控制有效执行的软约束环境时，调查是必不可少的。通过编写调查问卷的形式将需要调查的内容以通俗具体的语言列出来，结合模拟测试，对问卷进行反复修改与仔细推敲之后，对组织范围内的员工展开调查。

在进行调查和询问时，还要考虑到样本的分层情况和调查的人数，对不同职位和部门的员工都应该进行调查，以便提高回答率并获得更多可靠有效的反馈信息。同时，充分结合行政单位的人事调整情况，以及财政税收制度和政策发生的重大变化，确定好调查的时间和频率。

（二）询问领导层

行政单位实行的是层级领导制，整个系统使用规范明确的管理层次、指挥链条和沟通渠道，通过合理的机构设置与权责分配将各项任务工作自上而下地贯彻执行，呈现出一种科层管理模式。因此，单位组织领导对工作整体流程和风险管理的把控具有举足轻重的作用。应该询问具体负责制度设计或实施政策的领导，了解他们对于工作流程的熟悉程度、制定行为守则的出发点、提拔任用下属的原则、如何参与财政风险管理等，以寻求领导层在进行管理行使领导权力时遵循的路径。

（三）财政信息系统

随着信息化、网络化的发展，以及金财工程、金税工程的实施，在现有的财政管理模式下，财税领域的众多业务，如部门预算编制、国库集中支付、工资统一发放、行政单位采购管理、资产管理、行政单位债务管理等，大部分已被固化到各种软件的内在逻辑之中。然而，组织部门的整体环境可能产生一定的变化，比如硬件、软件升级或人员调动时，如何保障财政资金安全、避免机密数据泄露则显得尤其重要。因此，应当结合组织的这些变化，及时查明为提高财政信息系统的处理效率而制定的各项财政信息管理制度是否被充分执行。比如，只有得到授权的用户才可获取、使用和输出文件，并保持记录的完整、准确和有效等，如果组织部门出现人员调整，则很可能出现以上问题。

（四）跟踪特殊流程

组织单位层面控制的执行，大部分是无法直接观察到的，但也存在某些特殊情形。能否敏锐把握组织单位层面控制政策变动的特定时机，对于整个控制程序的执行至关重要。这些机会包括观察高级领导层会议，如财政风险管理、相关信息披露、人事变动、审计政策等，特别是讨论、审核或批准重大财务报告、财政资金的审批拨付，职务晋升标准和人事政策的制定，内部审计的结果等。观察这些重要会议是否建立了规范的流程和明确的决策标准，会议记录是否翔实、准确。

（五）复核和检查关键文件

由于行政单位的资金来自国家财政，因此，各项具体管理活动也都具有严格的审批和执行程序。行政单位缺乏足够的动力去有效地监督财政资金的使用流程，这种先天的缺陷严重弱化了行政单位的内部控制与自我监督效果。因此，仅仅存在文件记录，并不能证明所记录的政策的相关执行情况。在评估政策的有效性之前，阅读文件并进行定性评估是很重要的。所有的文件记录都是孤立、非线性的，必须经过复核检查、归类综合，才能发现并提炼出真实的信息和证据。

为测试单位层面内部控制水平，应总结不同的测试技术，以及如何运用这些技术收集证据，重视关于单位层面控制重要目标的认定。

三、可靠性模型的构建

单位层面整体环境的软约束条件具有主观性、间接性的特点，这决定了必须引入地方行政单位内部控制成熟度模型来实施对单位层面内部控制的评价。美国注册会计师、财务管理师爱德华·卡尼借鉴管理工程学的 CMMR 思想，构建了"内部控制可靠性模型"。在这里，笔者采用该模型的核心思想，并将其引入地方行政单位的单位层面内部控制的测试与评价之中，建立地方行政单位内部控制成熟度模型，进一步确定五个不同等级的内部控制可靠性水平，每个等级包括对组织文化、人员、组织目标与控制层次等八项单位层面控制目标的具体描述，并且梳理了使内部控制单位层面的整体环境从一个层次到更高的层次的改进路径。此模型可作为对地方行政单位进行单位层面内部控制评价的标准。

第一级：初始级。控制目标模糊不清或在组织中未得到广泛一致的理解和认可，组织文化缺失。财政政策的制定程序与具体实施规则是随时制定的，不具备持久统一性，也没有相应记录。全体员工普遍缺乏风险意识，没有制订员工培训计划。同时，初始水平系统的有效性更多地依赖于个人的专业技能、工作胜任能力和道德价值观，人们会根据自己的主观判断和行事方法处理工作过程中遇到的问题，整个组织呈现无序状态；也没有系统的反舞弊程序和完整的财务报告制度。由于缺乏对组织的有效依赖，不同行政单位的管理状况会存在一定的差距。

第二级：可重复级。单位组织已经开始逐渐形成组织文化，并对于常规性的工作和项目，建立了管理方针和规程，形成了可重复的流程，工作人员在执行过程中得到了一定的工作经验。但单位组织仍然缺乏对员工的业务培训，信息传递不顺畅，财政信息化程度低，阻碍了大部分信息在不同级次之间的上传下达。领导层已经逐渐形成对内部控制的需求，有意识地进行风险排查，并对可重复的内部控制流程展开局部的自行核查。因此，在这一层次上，系统可靠性水平有所提升，同时，也降低了财政风险。

第三级：定义级。领导层开始认识到内部控制是组织业务流程管理的重要组成部分，维护内部控制的有效运行已内化为管理职责，并在全系统范围内投入大量的资源。在组织内开展与控制相关的一系列业务培训，并将内部控制在组织范围内，定义化、标准化地予以实施，逐渐形成完整一致的控制程序文件记录。组织目标与控制目标有效结合，组织范围内出现对具体业务流程的跟踪和监控。随着更正式的、标准化的内部控制出现，控制整体的有效性愈来愈依赖组织而非个人能力，系统性程度越来越高。

第四级：管理级。控制目标明确并在组织中得到员工的广泛认可。内部控制已在整个组织系统内全面实施，并且被充分整合到单位组织的战略决策和管理层面。在评估和制定决策时，领导层通常会考虑内部控制的重要作用和积极影响。有全面、系统的业务学习和技能培训活动，财政信息化程度比较高，信息交流沟通及时且畅通无阻，工作效率显著提高。综合财务报告机制健全，相关财务信息披露真实准确。组织已经建立定期监督内部控制实施效果的正式流程，并形成全面一致的文件记录。

第五级：优化级。这是地方行政单位内部控制能力成熟度的最优水平。组织凝聚力强，内部控制已内化为所有人员的责任。行政单位以预防、改革和完善为控制目标，并将控制目标与各管理层的绩效考核目标相关联。建立程序化的管理制度，针对过去出现的问题，用标准化的、复杂的工具和技术进行实时监督控制，采取有效措施防止类似情形的再次发生。领导层致力于持续改革和完善内部控制，制定促进内部控制深层次改进和内部控制能力不断提高的整体规划，并将其分解细化成各职能部门的管理目标和员工的绩效考核目标，由全体成员共同参与，不断持续地改进组织内部控制过程。

各个层次的可靠性水平并非独立的。事实上，组织的内部控制要素可能会呈现出多种水平的特性。构建这个模型的目的是作为分析控制有效性的基础，而进一步的判断将由作业层级内部控制评价来完成，最终确定控制能否实现其终极目标——将未发现财务报表重大错报的风险降至可接受的水平。

四、评价实施要点

评价是以测试结果为基础对内部控制的总体实施状况进行的最终判断。组织单位层级控制有效性的评价是一个流程，它可以确定单位层面控制的有效程度是否为作业层面创造了一种良好的总体氛围，并且有效识别单位层级控制的弱点，这些弱点会进一步弱化和影响作业层面有效性的测试设计。

（一）内部控制可靠性水平判定

对单位层面所识别的重要目标逐一进行等级判定，但是，单位层面的内部控制有效性最终必须是从整体的角度来评价的。因为众多要素之间存在着关联性，一个因素的不足可通过其他要素予以弥补，所以，对单位层级控制的判定必须是整体性的。比如，组织缺乏对员工专业知识和实际操作规范的定期培训，致使其在工作中可能会出现漏洞，但是可以通过严格的监督来加以弥补。因此，单位层面是对组织软约束环境的定性考查。

（二）采取措施进行纠正

对于已识别出来的组织单位层面控制存在的控制弱点，对这些问题的来源应采取恰当的措施及时加以纠正和弥补。如果组织缺乏翔实的文件记录，则可以通过创建必要的记录进行修正。组织员工的工作能力可以通过定期的业务培训和考核得以强化和提高。组织单位的领导者也可以通过自身的可视行为影响和引导下属诚信行事，培养下属形成积极的工作态度。

（三）重新设计作业层面的控制测试

结合单位层面已发现的可能存在的控制弱点，对作业层面的测试范围和方法进行必要的调整和修正。可以判定组织单位是否进行了有效的弥补性控制，如对财务报表负有重要控制职责的员工，如果控制程序是有效的，那么他们必须具备履行职责能力和业务水平。假设并非所有员工都具备这种履职能力，这个弱点可以通过其他控制得以弥补，如密切监督可能具有相同控制目标的额外控制程序。另外，扩展作业层级控制测试的范围。测试某些以前认为不重要的业务流程或分支机构的控制，并修改作业层面其他重要的内部控制测试的性质和范围。

第三节　作业层面内部控制的测评设计

作业层面控制的评价目标就是以单位层面的评价结果为基础，进一步收集来自各项业务活动的相关信息，比如文件记录、会计凭证等资料，并且对各项主要的业务活动以流程的形式进行分析，得出来自作业层面的定性分析结果。下面的行动设计旨在实施对作业层面控制的设计与测试所提供相应的建议：

一、作业层面内部控制的设计与测试

行政单位作业层面对财政具体活动的业务流程和财政预算资金的流转过程进行控制，所以，来自作业层面的相关信息都是客观、直接、可查证的。作业层面控制的测试就是要收集大量充分的证据，进一步检测作业层面业务操作是否规范。

（一）确定评价范围

如前所述，单位层面控制的有效性将影响作业层面控制的有效性。因此，作业层面的测试就是要收集关于作业层面控制有效性的第一手信息，运用这些证据进一步证明此前关于单位层面有效性的判断，同时，根据单位层面控制的弱点来修正作业层面测试的范围。比如，两个部门单位层面评估结果无明显差异，但是其中一个部门的沟通状况较差，同时缺乏监督，而另一个部门情况却有着良好的信息沟通机制和内部监督机制，那么，这两个部门作业层面的测试范围将会出现明显的不同。因此，应当以单位层面的评价为基础，确定作业层面测试的执行范围，包括执行询问和观察的控制，或重新执行原来被认为不需要的控制程序。

（二）斟酌测试的时间

作业层面测试的时间也值得商榷。作业层面的业务活动是个完整的工作流程，而且一般时间周期相对较长。同时，具体测试的时间与最终的评价报告日之间肯定会有一定的时间间隔。在这期间，如果组织业务或环境发生了变化，如当组织部门获得了新的财政资金或出现突发事件急需财政拨款，人员变动后新成员执行会计对账工作，那么测试将集中于这些账户和人员。因此，确定作业层面评价的时间和频率也是极为重要的，应当结合财政预算管理以及组织部门的实际工作情况来确定评价的时间和频率。

（三）会计对账

对账是业务操作层面最为基础的控制程序和方法。行政单位可以按照一定办法，设计良好的会计对账流程，并实施对所有相关部门财务活动的对账工作。比如，检查各预算单位是否在规定时间内及时将各种报账凭证报行政单位会计核算中心，并确保各项业务的会计数据能够准确无误并及时地入账。同时，还要重点关注将各组织单位零余额账户用款额度、财政拨款收入、财政支出等资金的明细单据，与行政单位国库支付中心提供的拨入经费和非税收入明细进行核对。

（四）查阅各项文件记录资料

文件记录可以翔实地反映并记录各业务流程每个环节的人员操作情况。针对行政单位各职能处室的具体业务活动，可选择并检查评价期间内所有的交易记录及相关文件，以证实是否已执行了控制程序。比如，财政预算的编制与执行、行政单位采购预算、各类批复文件、招标文件、投标文件、评标文件等所有的相关业务资料是否完备且被归口部门予以妥善保管。确定采购单恰当批准，纸质的仓库验收报告与批准的采购单相匹配，并且供货商是经过批准的供应商，采购单和验收报告是针对同一笔交易的。

（五）识别例外情形

员工按照既定的程序完成任务时，应发生和实际发生的情况之间总会存在一定的差异。造成这样的局面可能因为：在系统设计中未预料到财政活动的发生，或由于不同财政层级工作人员、业务执行人员以及控制实施人员的能力差异，导致程序有不同的应用；在控制评价的复核期间发生人员变更或分配的职责变更；发生财政体制的重大改革等。因此，在测试作业层面控制的有效性时，应该考虑到这些差异，重新计划程序以识别这些偏差，并评估它们对作业层级控制有效性的影响。同时，为支持最终结论，还要考虑几种不同来源和测试类型所收集到的证据之间的相互验证，这样更可能形成关于控制的有效声明。设计好测试程序之后，就可以遵照相关程序有计划、有步骤地进行测试，并详细记录测试程序和测试结果，为接下来的具体评价提供有效的资料信息。

二、业务关键流程与评价指标

作业层面的控制目标是由作业层面的具体业务活动特点决定的，即具体、客观、线性的特点。作业层面的最终控制目标是确保财务报告的准确无误。具体来看，作业层面的评价控制目标要结合各项具体的业务活动来确定。相对而言，地方行政单位的具体业务活动具有一定的独立性。因此，应按照业务流程来设计相应的指标。

（一）关键流程梳理

地方行政单位作业层面的业务活动主要集中于财政预算管理、行政单位采购业务、财政资金运行、资产管理等具体活动。相对而言，各业务活动之间有一定的独立性。同时，各项业务又分为不同的关键环节和流程，每个流程所收集到的信息和资料是不同的，但是它们之间又有着紧密的关联性。因此，梳理关键流程是进行作业层面评价的基础。

（二）评价指标体系

评价指标应依照地方行政单位具体的业务流程特点来设定。虽然业务活动的具体流程不同，但是每个流程都会产生相应的记录和文件资料。这些证据都是线性、可查证的。因此，这里以发生合理性、操作规范性等六个指标作为作业层面内部控制评价的参照和标准。

组织单位要结合日常的业务管理制定具体和细化的指标评价标准，最终制定五级标准：90～100分为优、80～90分为良、60～80分为中、40～60分为较差、0～40分为差。根据各流程所收集到的实际信息资料的情况按照评价标准赋予相应的分值，得到每个具体流程的内部控制评价指标得分，为下一步运用灰色关联模型进行最终的评价提供依据。

三、引入灰色关联理论

各项流程对于目标的实现和业务的运行都有着重要的作用，应根据流程与业务的关联度来实现对业务执行情况的分析。每项具体业务又分为若干不同的流程，且各业务活动之间存在一定的独立性。灰色关联决策的基本思想是通过计算实际问题与理想方案效果评价向量之间关联度的大小来确定问题的优劣排序。行政单位内部控制小组对各项业务的每个关键流程的相关指标进行评定之后，则可引入灰色关联模型。

四、内部评价报告

对内部控制进行综合评价并提出整改措施之后，最终还要完成评价报告，以便领导层审阅与批示。评价报告应包括以下内容：

第一，真实性声明。评价小组要对整个评价报告的准确性、真实性进行必要的声明。保证在整个内部控制评价的过程中，无论是证据的收集整理、测试评价的具体实施，还是结论的判定，均无任何虚假行为，而且报告内容真实准确、不存在误导或信息遗漏。

第二，内部控制评价工作总体情况。详细描述组织单位承担具体评价工作的组织机构设置情况、实施评价的进度设计安排、具体的执行程序、是否由组织以外的机构或审计部门参与等相关情况。

第三，内部控制评价的规范依据、范围及程序设计。首先，说明组织部门的内部评价工作是依据国家的相关规定或是以本单位的内部控制规范为依据而组织实施的；然后，界定内部评价的实施范围，明确单位层面和作业层面评价的具体对象，以及描述对这些重要事项进行评价的理论依据；最后，还要就内部控制评价的程序以及对不同层面采用的评价方法进行必要的说明。

第四，内部控制的缺陷认定。介绍组织部门关于内部控制缺陷认定的相关规定和标准，并阐明是否沿用以前年度的评价标准，如进行调整，则要说明具体原因和依据。然后依据认定标准，对此次内部控制评价的结果进行等认定，从而确定内部控制的缺陷程度。

第五，整改情况及纠正措施。主要包括两个部分，一是在评价过程中发现的且截至评价期末已经完成整改的内部控制不足和薄弱环节，表明地方行政单位针对这些问题的内部控制设计执行成效显著；二是对于评价期末发现的一系列问题，组织拟采取的各项纠正方法以及实施后所期望达到的效果。

第六，最终结论。这是评价报告的总结性内容。当评价结果显示不存在重大缺陷时，可直接给出内部控制评价的最终结论；如若结果表明确实存在重大缺陷时，则除了给出定性评价结论之外，还要详细描述该重大缺陷的具体来源和特殊本质，并对其影响程度进行预测，具体来说，影响程度就是可能会给组织带来哪些不必要的风险以及对组织目标实现的破坏程度。

内部评价报告完成之后，还要及时上报领导层进行审阅，领导层对报告所涉及的相关问题进行批示，及时弥补内部控制的不足，修整和完善组织内部控制的制度设计和执行规范，开始下一个内部控制的循环。在不断循环往复的过程中，组织内部控制水平将得到进一步的提升。

参考文献

[1] 本刊编辑部. 新时代财会监督理论前瞻："新时代财会监督理论与实践研讨会"理论探讨综述 [J]. 财政监督，2020（19）：11-13.

[2] 陈佳奇. Y 市 J 区政府采购问题与对策研究 [D]. 扬州：扬州大学，2022.

[3] 陈龙. 新时代行政事业单位财会监督研究 [J]. 财务管理研究，2021（08）：140-143.

[4] 陈涛. 我国基层政府会计信息披露研究 [D]. 泰安：山东农业大学，2016.

[5] 程康. 我国政府会计信息质量问题研究 [D]. 西安：长安大学，2016.

[6] 杜晓楠. 呼伦贝尔市政府项目资金管理问题及对策研究 [D]. 呼和浩特：内蒙古师范大学，2020.

[7] 房琦. 基于财务监管视角的行政事业单位内部控制研究 [J]. 行政事业资产与财务，2022（12）：55-57.

[8] 冯利. 加强基层行政事业单位财会监督的几点思考 [J]. 商讯，2021（23）：35-37.

[9] 黄琳智. 温州市 L 区政府资产管理研究 [D]. 咸阳：西北农林科技大学，2020.

[10] 黄锐睿. 政府合同外包风险及其控制研究 [D]. 汕头：汕头大学，2020.

[11] 纪英磊. 基层政府会计监督问题研究 [D]. 泰安：山东农业大学，2016.

[12] 江敦泽. 青白江区政府性工程建设项目监管体系的问题研究 [D]. 成都：电子科技大学，2022.

[13] 阚秋爽. Y 市政府预算执行监督中的问题与对策研究 [D]. 扬州：扬州大学，2022.

[14] 李秀梅. 委托代理理论视角下政府预算执行会计控制研究 [J]. 内蒙古财经大学学报，2020，18（06）：126-129.

[15] 李园. 地方政府债务风险财务因素识别及披露研究 [D]. 上海：上海师范大学，2019.

[16] 梁志华 . 中国政府资产研究 [D]. 北京：对外经济贸易大学，2019.

[17] 林熊蓉 . 行政事业单位内部控制评价研究 [J]. 质量与市场，2022（12）：70–72.

[18] 刘静 . 重庆市 T 区乡镇基层政府内部控制建设问题研究 [D]. 重庆：重庆大学，2020.

[19] 卢红磊 . 行政事业单位业务层面内部控制评价分析探讨：基于矩阵模型的视角 [J]. 行政事业资产与财务，2021（15）：66–67.

[20] 马惠苹 . 乡镇政府内部控制问题与优化研究 [D]. 银川：北方民族大学，2022.

[21] 宁燕妮 . 发达国家政府会计监督主体责任对我国的启示 [J]. 财会通讯，2018（22）：114–117.

[22] 申亮，刘欣然，王玉燕 . 中美政府内部控制比较研究及经验借鉴 [J]. 公共财政研究，2021（05）：63–76.

[23] 史超 . 从政府职能转变看《行政单位财务规则》的修订 [J]. 财务与会计，2021（06）：24–25.

[24] 王春科 . 政府善治导向下财会监督与审计监督协调的思考 [J]. 财会学习，2021（18）：125–126.

[25] 王健栋 . 政府单位财会人员技能培训对政府会计实施效能的影响分析：基于政府会计培训的调查 [J]. 中国管理信息化，2021，24（24）：13–14.

[26] 王娜 . 大连市 S 单位内部控制有效性研究 [D]. 大连：大连理工大学，2020.

[27] 王文晓 . 新政府会计准则下地方政府会计信息披露质量评价研究 [D]. 济南：山东财经大学，2020.

[28] 王志东，王平 . 代建制运行中政府投资项目资金管理风险评价与控制 [J]. 北京建筑大学学报，2020，36（01）：99–107.

[29] 杨柳 . 论事业单位预算业务内部控制评价指标体系的构建 [J]. 知识经济，2019（31）：43–44.

[30] 杨筱 . A 基层乡镇政府内部控制有效性评价及优化研究 [D]. 苏州：苏州大学，2020.

[31] 杨雨辰 . 财会监督的问题及对策研究 [D]. 贵阳：贵州财经大学，2022.

[32] 姚绍勇 . 基层政府财务内部控制研究 [J]. 中国集体经济，2018（36）：136–137.

[33] 喻凯 . 借鉴共享模式 创新监督路径 构建政府组织财会监督新体系 [J]. 预算管理与会计，2021（07）：21–25.

[34] 张晓琳 . 基层政府会计监督问题研究 [D]. 泰安：山东农业大学，2015.